삶의 의미를 깨우쳐 주고 문학의 향기를 자아내 주는 에세이

명작 속의 인생관

도한호 지음

서로사랑

명작 속의 인생관

1판1쇄 발행 1998년 2월 14일
2판1쇄 발행 2014년 8월 22일

지은이 도한호
펴낸이 이상준
펴낸곳 서로사랑(알파코리아 출판 사역기관)
만든이 이정자, 윤종화, 주민순, 장완철
　　　　 이소연, 박미선, 엄지일
이메일 publication@alphakorea.org

등록번호 제21-657-1
등록일자 1994년 10월 31일
주소 서울시 서초구 방배1동 918-3 완원빌딩 5층
전화 02-586-9211~3
팩스 02-586-9215
홈페이지 www.alphakorea.org

차례

서문

❦

중판을 내면서,

우리가 읽는 문학 작품 속 주인공들의 이야기가 우리 자신들의 삶에서도 공감과 삶의 진실을 증언해 주기를 기대하며 중판 원고를 묶는다. 작품 속의 주인공들은 선악 간에 학창시절, 필자에게 무한한 감동을 주면서 단잠을 빼앗아 갔던 인물들이다. 나는 하루는 미완의 데미안이 되고, 하루는 가련한 싱클레어가 되고, 다음날은 수레바퀴 아래 깔린 한스 기벤라아트가 되어 고뇌의 청춘을 지나면서 의사 기욤을 동경하였다.

이 책을 명작해설이라고 말하기에는 깊이와 분량이 충분하지 못한 것 같다. 단지 메마른 시대를 살고 있는 독자들이 명작 속의 주인공들이 경험한 실패와 성공, 좌절과 희망, 수치와 업적을 읽으면서 문학이 주는 삶의 향기를 음미 할 수 있기를 바랄 뿐이다. 명작 속 주인공들은 약속이나 한 듯이 출생과 가문의 굴레와 사랑의 족쇄, 욕망과 분노의 노예가 되어 인간의 굴레 아래서 신음하고 있는 인물들이다.

수정증보판을 내면서 에세이의 제목도 몇 곳 수정하고 다섯 편의 에세이를 추가했다. 작품의 순서는 특별한 의미가 없고 색인은 문학 작품

이름을 가나다 순서로 배열해서 찾기 쉽게 했다. 작품과 작가의 이름은 한글 발음으로만 적었다.

2쇄를 펴낸 지 20년이 가까워 오는데 책을 찾는 이들이 간혹 있기에 출판사에 재고 여부를 물었더니 이상준 사장이 고맙게도 중판을 제안 하셨다. 그동안 책을 펼 때마다 미진한 곳이 많이 보여서 마음이 편치 못했던 차에 감사한 마음으로 수정증보판의 서문을 쓴다.

항상 선린(善隣)을 간직한 김효현 시인(목사)과 지금은 모두 중년의 어머니가 된 초판 때 교정을 도와준 종미, 숙희, 석금에게와 또 원고를 읽고 수정해준 [도]복희 시인과 [도서출판 서로사랑]의 장완철 과장, 이소연 팀장과 팀원들에게 감사한다.

2014년 중추절(仲秋節)에

노은정사(老隱精舍)에서

지은 이

dhh@kbtus.ac.kr

참나무와 덩굴

워싱턴 어빙의 「스케치 북」 중 "아내" 에서

　덴마크의 철학자 키엘케고르(Soeren A. Kierkegaard)는, "사람은 결혼을 하면 한 것을 후회하고 결혼하지 않으면 또한 하지 않은 것을 후회할 것" 이라고 하여 자기의 소심하고 비관적인 인생관의 한 면을 내보였는가 하면; 정복자 나폴레옹은, "결혼이란 남자의 출세를 방해하는 해로운 요소이며 남자가 달리 아무것도 할 수 없을 때 마지막으로 하는 것" 이라며 결혼의 의미를 비하 했다.

　세상에는 결혼에 너무 큰 기대를 걸었다가 기대만큼 실망과 좌절에 빠지는 사람들이 적지 않은 것 같다. 때로 남자는 여자에게 샘솟듯 솟아나는 신비한 매력과 절대적 순종을 요구하고, 여자는 남자가 마치 알라딘의 요술 램프라도 가진 것처럼 원하는 것을 다 가져다 줄 것이라고 기대한다. 만약 이런 생각을 가진 남녀가 결혼한다면 그 결혼이 평탄하리라고 예측할 사람은 아무도 없을 것이다.

　미국의 작가 워싱턴 어빙의 단편 "아내" 는 단순한 구성과 짧은 내용에 비해 결혼을 앞 둔 청춘남녀와 독자들에게 아름다운 교훈과 위안을 제공한다.

이 이야기는 레슬리라는 이해심 깊고 부유한 청년이 메리라는 아름답고 교양 있는 처녀와 결혼하는 데서부터 시작된다. 레슬리의 소망은 오직 지금까지 화려하게만 살아 온 아내의 여생을 요정의 이야기처럼 아름답게 꾸며주려는 것뿐이었다. 그러나 불행스럽게도 레슬리는 사업에 실패하고 파산을 선언하게 되었다. 레슬리의 고민은 사업에 실패했다는 사실보다는 그것으로 인해 아내에게 충격을 주고 부유하게만 살아온 아내에게 가난이란 쓴 잔을 마시게 해야 한다는 데 있었다.

그는 아내에게 사실을 말하고 이해를 구하라는 친구들의 권고를 듣고, "늘 즐거운 일만 해 온 사람의 인내심을 어떻게 믿을 수 있단 말인가? 항상 칭찬만 받아 온 사람의 이해심을 누가 알 수 있을 것인가?" 하고 고뇌에 찬 독백을 한다. 그러나 결국 그는 아내에게 사실을 말하고, 화려한 저택과 가재도구를 다 내놓고 인적 드문 교외의 허름한 집으로 이사를 하게 된다.

이사한 첫 날 레슬리는 퇴근 후에 혼자 집에 들어갈 용기가 나지 않아서 친구를 데리고 간다. "비록 메리는 모든 것을 다 이해할 수 있다고 했지만, 오늘이야말로 그녀가 일생 처음으로 고된 일과와 가난에 직면한 날인데…" 하고 그는 깊은 한숨을 몰아쉬었다.

한편, 집에 있던 메리는 자기에게 닥친 불행을 이해하고 그것을 극복해 낼 방법을 생각하고 있었다. 그녀는 어깨가 축 늘어져 들어올 남편을 위로하고 격려할 방법을 생각해내었다. 메리는 우선 마당에 흩어져 있는 가구며 연장들을 치우고 집안 구석구석에 늘어져 있는 거미줄을 걷고 바닥을 닦고 침실과 방들을 정리했다. 메리가 집안 정돈을 거의 마쳤을 무렵, 레슬리와 그의 친구가 메리의 눈치를 살피면서 조심스럽게 집안으로 들어왔다.

　마당에 들어선 레슬리는 사방에 흩어져 있으리라고 생각했던 가재도구가 다 제자리에 들어가 있는 것을 보고 깜짝 놀랐다. 거미 줄 투성이로 지저분했던 집안이 깨끗이 정돈되어 있었고, 창문에는 커튼이 쳐져있었으며, 침실과 주방도 빈틈없이 정리되어 있었다. 뿐만 아니라, 방 한구석 침대 위에 앉아서 눈물을 훌쩍거리고 있을 것이라고 생각했던 아내가 작업복에 앞치마를 두르고 환하게 웃는 얼굴로 그들을 맞아주고 있었다. 레슬리와 그와 함께 온 친구의 놀라움이 얼마나 컸을지는 것은 독자 여러분의 상상에 맡길 수밖에 없다. 이 모든 것은 다 착하고 아름다운 메리의 깊은 이해심과 부귀와 가난에 대처할 줄 아는 현명함과 헌신적 사랑 때문이었다.

　어빙은 이 글의 서문에서 다음과 같이 말한다:

　　"나는 종종 여자들이 도저히 대항하기 힘든 역운(逆運)을 참을
　　성 있게 견디는 것을 보았다. 남자가 용기를 빼앗기고 흙탕 속
　　에 내던져지는 재화(災禍)를 당했을 때 여자는 온 정력을 불러
　　일으켜 남자에게 용기를 주고 의지를 높여준다. 얌전하고 상
　　냥한 여자가 생활이 순조로울 때는 나약한 모습으로 남자에
　　게 의존하고 조그마한 곤란 앞에서도 소란을 떨곤 한다. 그러
　　나 불행이 닥쳐오면 여자는 갑자기 용기를 내어 절망에 빠진
　　남편을 위로해주고 굽힐 줄 모르는 굳은 마음으로 모진 역풍
　　(逆風)에 맞설 용기를 스스로 가진다."

　크고 굳센 참나무 줄기를 감고 참나무의 힘에 의지해서 햇빛을 쬐던

덩굴이 참나무가 벼락을 맞고 쓰러지기라도 하면 그 찢겨진 가지를 감싸고 조여 주어서 나무에게 재생의 기회를 준다. 메리와 같은 여자는 폭풍에 쓰러진 참나무를 감고 있는 덩굴과 같다. 그런 여자는 서양에서는 귀한 여자일지 모르겠으나 우리나라에서는 앞집 가게를 오가는 길에도 만날 수 있는 평범한 여자이다.

좋은 친구를 얻는 비결은 스스로 좋은 친구가 되는 것이라는 옛 말처럼 서로가 서로를 위해 좋은 친구가 되어줄 수 있을 것이라는 자신이 설 때, 사람은 비로소 누구를 사랑하거나 결혼할 자격을 갖추게 될 것이다. 그러나 레슬리 만큼 여자를 이해할 줄 모르는 남자는 앞집 가게에 열 번을 다녀온다 해도 그런 여자를 만날 수 없을 것이다.

우슬라여, 일어서라

D. H. 로렌스의 「무지개」

✦❊✦

　로렌스는 일찍이 우리에게 잘 알려진 작가이다. 특별이 문학을 공부하지 않은 사람이라 할지라도 '로렌스' 하면 곧 「채털리 부인의 사랑」과 「아들과 연인」 등의 소설을 연상할 것이다. 로렌스는 19세기 말엽 영국 노팅엄 부근의 광산촌에서 가난한 광부의 아들로 태어나서 젊은 시절에는 폐병을 앓았고, 연상의 교수 부인과 사랑에 빠져 유럽으로 도피하였다가 후에 그 여성과 결혼을 하는 등 화려한 인생편력을 가지고 있다.

　이 소설은 노팅엄 주 부근에 있는 초목지대에서 '마쉬' 라는 농장을 경영하던 브랑겐 일가의 삼대(三代)에 걸친 지루한 이야기이다. 이야기는 톰이라는 농장주가 폴란드계의 미망인 렌스키와 결혼하는 데서부터 시작된다. 이 두 부부의 이야기를 계승하는 사람은 렌스키가 데리고 온 딸 안나이다. 안나는 그의 사촌 윌과 결혼하여 여러 명의 자녀를 낳게 된다. 삼대째의 이야기는 안나와 윌 사이에 태어난 딸 우슬라가 계승한다.

　우슬라는 남달리 총명하고 예지에 빛나는 소녀로서, 열여섯 살이 되던 해에 안톤 스크레벤스키라는 폴란드계 육군 소위를 만나 사랑에 빠진다. 그러나 무엇에나 창조적이고 발랄한 성품의 소유자인 우슬라는 스크레벤스키 같은 개성 없는 남자에게 곧 싫증을 느끼고 만다. 이것은 비단 우슬라뿐 아니라 브랑겐 집안의 여자들이 남자들을 향하여 한결같이 느끼는 공통된 감정이었다. 그 집안의 여자들은 남자들이 출생과 죽음 사이에 전개되는 평범한 일상사에서 탈출하여 기발하고 차원 높은 그 무엇을 추구하기를 갈망했던 것이다.

어느 날 우슬라는 스크레벤스키를 향해 외친다: "저에겐 마치 당신이 존재하지 않는 것 같아요. 당신이 거기 있는데도 없는 것 같군요. 당신은 정말 거기 있는 거예요?" 그로부터 얼마 후 스크레벤스키는 영국 군인 장교로 남아프리카의 임지로 떠나고 우슬라는 답답한 농장을 벗어나기 위해 여학교 선생을 거쳐 노팅엄 대학교에 진학한다.

브랑겐 일가의 남자들과 여자들 사이에는 깊고도 먼 강이 흐르고 있었다. 그것은 수많은 모래와 물로도 메울 수 없는 깊이와 너비를 가지고 있었다. 그것은 꿈을 가진 사람과 그것을 가지지 않은 사람과의 차이였다.

철인 임어당(林語堂)은 그의 저서 「생활의 발견」에서 아래와 같은 재미있는 공식을 소개했다.

현실 - 꿈 = 동물
꿈 - 유머 = 광신(狂信)
꿈 + 유머 = 환상
현실 + 꿈 + 유머 = 지혜

이것을 해석하면 (1)꿈이 없는 사람은 동물과 같고 (2)꿈은 있으나 유머가 없는 사람은 광신자와 같으며 (3)꿈과 유머는 있으되 현실감이 없는 사람은 환상 속에 사는 사람이며 (4)꿈과 유머와 현실감을 가진 사람은 지혜로운 사람이라는 의미이다. 17세기 중국의 비평가 김성탄(金聖嘆)의 "유쾌삼십삼절(愉快三十三節)"이란 해학은 독자에게 연민과 폭소를 동시에 안겨주는 걸출한 유머이다.

짜증스러운 현실일수록 사람들은 꿈을 꾼다. 그러나 꿈만 가지고 생활 속에 유머를 가지지 못한다면 자기 꿈의 광신적 노예가 되고 말 것이다. 원대한 꿈을 가졌으나 유머를 상실한 집단, 바로 종교적 광신자들과 공산주의자들이 그 표본이 아닐까? 독자는 김성탄의 짧은 글 에서도 그의 유머의 깊이와 여유를 가히 짐작할 수 있다.

우슬라가 노팅엄 대학의 단조로운 생활에 권태를 느끼기 시작할 무렵, 실로 6년 만에 스크레벤스키가 휴가를 얻어 고향에 돌아왔다. 그들은 얼마쯤 즐거운 날을 보냈으나 우슬라는 다시 스크레벤스키에게 실망하고, 그 실망은 결국 그들을 헤어지게 만든다. 그들은 아무 약속도 없이 헤어져 스크레벤스키는 임지 인도를 향해 떠나버렸다.

그 후, 비가 몹시 쏟아지던 어느 날, 우슬라는 자기가 스크레벤스키의 아이를 임신하고 있음을 발견한다. 그녀는 갑자기 평범했던 스크레벤스키에게 향수라고 할까 그리움을 느끼게 된다. 바로 그때 세찬 빗줄기를 뚫고 우편배달부가 와서 문을 두드려 대었다. 스크레벤스키로부터 전보가 왔다. 우슬라가 떨리는 손으로 펼쳐 본 전보에는 "나는 오늘 결혼했소"라는 짤막한 전문이 찍혀 있었다.

이제 우슬라가 설 땅은 어디인가? 우슬라는 한 손에 전보를 들고 창밖을 내다보았다. 어느새 억수로 쏟아지던 비가 개이고 하늘엔 환한 무지개가 떠 있지 않은가!

한 가문의 가계와 태어나고 사랑하고 헤어지고 죽는 것뿐인 것 같은 이 소설이 우리에게 주는 것은 "희망"이다. 마을에는 소나기가 쏟아져도 앞산에는 벌써 무지개가 뜨고 있다. 소설의 제목은 「무지개」인데 소설 전편에서 무지개라는 단어는 한 번도 나오지 않다가 마지막 장 마지막 줄에 단 한 번 나왔다. 대단한 반전이다. 우리의 삶에도 이와 같은 반전이 있어 우리는 역경 속에서도 희망을 가진다.

우슬라여, 굳세어라.

운명이냐, 신념이냐

토마스 하디의 「더버빌 家의 테스」

※＊≪

　사람은 모두 죽는다. 육체는 썩고, 그가 세상에 남긴 유품도 낡아 마침내 형체조차 없이 사라지게 될 것이며, 세월의 흐름에 따라 망자(亡者)의 이름도 잊혀 질 것이다. 그러나 세상을 가치 있게 산 사람은 육체는 사라질지라도 그가 세상을 산 이야기는 오래오래 남을 것이다. 그런 이들의 삶의 이야기는 역사 속에서, 문학 작품 속에서, 또는 성서 속에서 샛별처럼 빛을 발하고 있다.

　이 소설은 1891년 런던에서 출생한 한 가난하고 순결한 소녀에 대한 이야기이다. 명망 있는 가문의 후예이면서도 가난한 농민으로서 마알롯이란 농촌 마을에서 살고 있던 테스의 부모는 멀지 않은 곳에 사는 갑부 더버빌 부인에게 일자리를 얻어 딸을 맡긴다. 테스는 어리석은 부모에게 부푼 희망을 안기고 더버빌 가문으로 떠났으나, 얼마 되지 않아 그 집안의 호색한 알렉에게 순결을 잃고 만삭이 된 몸으로 집으로 쫓겨 오게 된다. 얼마 후에 출산한 아기는 곧 병에 걸려 죽고 테스는 또 다른 인생의 시련에 직면하게 된다.

　테스는 인생의 새 출발을 다짐하며 텔보데이즈 낙농장으로 새 일자리를 찾아 떠난다. 테스는 그곳에서 곧 에인절 클레어라는 착실한 청년을 만나 사랑에 빠진다. 그러나 테스는 과거 알렉에 의해 짓밟혀진 자신의 과거 때문에 불안한 나날을 보내면서 고백할 기회를 찾으려고 애쓴다. 테스는 자기의 과거를 고백한 편지를 에인절에게 보냈으나 그것이 발견되지 않은 채 둘은 결혼하게 된다.

그러나 어떤 농가에서 보낸 첫날 밤. 에인절은 자신의 방탕했던 과거를 테스에게 고백하며 용서를 비는 것이 아닌가! 테스는 이제 기회가 왔다고 생각하고 알렉과의 사이에 있었던 과거를 모두 고백하였다. 그러나 쾌히 용서가 이루어질 것이라고 믿었던 테스의 바람은 허상이었다. 에인절은, "오, 테스. 이런 경우엔 용서가 통하지 않소"라는 말을 남기고 브라질을 향해 떠나버렸다.

그 후 테스는 중노동, 고용주의 학대, 시가로부터의 멸시, 부친의 별세와 농장에서 쫓겨난 가족의 참상 등을 겪으며 인고의 나날을 보낸다. 그녀의 고통이 극도에 달했을 때 자기의 인생을 망쳐 놓은 알렉을 우연히 만나게 되어 다시 그의 손아귀에 잡히고 만다. 이즈음 납골당 앞을 지나가던 테스는 자신의 딱한 처지를 한탄하며, "나는 왜 (저 문 안에 있지 않고) 문밖에 있단 말인가" 하고 한탄한다.

한편 브라질로 간 에인절은 차차 테스를 이해하게 되어 그녀에게 사랑과 용서를 구하려고 서둘러 귀국한다. 그러나 테스는 이미 알렉과 동거 생활을 하는 중이었다. 에인절의 귀국 사실을 알게 된 테스는 놀라움과 분노로 마침내 두 번이나 자신의 인생을 짓밟은 알렉을 죽이고 에인절을 따라 도피 생활을 시작한다. 그러나 꿈같은 도피 생활도 잠깐, 테스는 체포되어 교수형을 당하게 된다. 성실한 삶을 위한 그녀의 고뇌와 분투에 비해 허망한 종말이었다.

작가 하디는 "정의가 실현되었다. 그리고 불멸의 신들의 우두머리가 테스를 데리고 노는 일도 끝났다"는 말로 그의 소설을 끝맺는다. 그처럼 순결하고 천진난만한 소녀가 이처럼 비참한 종말을 맞게 된 이유는 무엇인가? 작가는 그 모든 것을 운명에 돌리고 운명이야말로 인간으로서는 대항할 수 없는 인간 세계에 내재하는 절대적 의지라고 외쳤다. 이 소설은 당시 모든 것을 하나님의 절대적 의지에 돌리던 청교도 사회에 적지 않은 충격을 주었다.

생각해 보면 테스의 짧은 생애는 연속되는 우연과 부족한 인내심과 부주의였을 뿐, 거기에 어떤 숙명적인 힘 같은 것은 보이지 않는다. 즉 불행하게 중첩되는 우연, 사려 깊지 못한 행동과 시행착오, 이런 것들이 한 덩어리로 뭉쳐져서 테스의 삶을 허망하게 만들었던 것이다.

운명이란 신앙을 가지지 않은 사람들이 삶의 중요한 고비에서 시련을 극복해 나갈 용기와 의욕을 상실했을 때 찾는 구실에 불과한 것이다. 쓰러져도 또 일어나고 실패해도 다시 시작하는 용기 있는 젊은이들에게 운명의 장난이란 없다. 운명이라는 허상에 속아 자기 인생을 포기하는 일이 있어서는 안 되겠다.

사랑과 증오

나다나엘 호손의 「주홍 글씨(자)」

❦

철인 카네기는 "눈물 젖은 빵을 먹어 보지 못하고 울며 밤새워 보지 못한 사람은 인생을 모른다"고 했다. 이 말은 잠들 수 없는 긴 밤을 뜬 눈으로 지새우며 깊은 인생의 고뇌에 빠지는 경험 속에서 사람은 내적으로 성장하며 인간 본연의 자세로 돌아 갈 수 있다는 의미인 것 같다. 그래서 작가는 인생의 밑바닥에 떨어져서 고뇌와 절망에 허덕인 그의 여주인공 테스를 '순결한 여인' 이라고 불렀는지도 모르겠다.

19세기 미국의 작가 나다나엘 호손은 그의 대표작이라 할 수 있는 「주홍 글자」(1850)를 발표하면서 그를 둘러싸고 있던 개척 시대 보스턴 시의 청교도 사회를 뒤흔들어놓았다. 작가는 이 소설에서 인간 사회에서 가장 큰 문제인 죄와 사랑의 문제를 주제로 채택했다.

호손은 인간의 본성은 선(善)이 아니라 악(惡)이며, 이 세상에는 악이 편재하고 있다는 사상을 가졌다. 이는 고대 중국의 석학 순자(荀子)의 성악설(性惡說)과 기독교적 인간관과도 일맥상통하는 사상이다.

아름답고 덕망 있는 여주인공 헤스터 프린, 그녀의 남편으로서 일생을 아내의 불륜에 대한 복수심에 사로잡혀 사는 칠링그로우스, 그리고 헤스터와 더불어 불륜의 관계를 맺은 청년 목사 딤스데일. 이들 세 인물은 너무나 선명하게 오늘날 우리 세대에 사는 사람들의 내면을 반영해 주고 있다.

헤스터가 청년 목사 딤스데일의 아이를 분만함으로써 그녀의 불륜이 세상에 알려진다. 그러나 그녀는 끝까지 아이 아버지의 이름을 말하지 않았으며, 그 벌로써 간음이라는 영어의 첫 자인 'A' 자를 붉은 색실로 수놓아 가슴에 달고 살아야 했다. 아는 바와 같이 이것이 곧 이 소설의 제목 「주홍 글자」이다.

죄를 고백한 헤스터는 그런대로 담담한 참회의 나날을 보낼 수 있었으나, 죄를 감춘 딤스데일은 심신이 사경에 이르렀고, 간통을 눈치 챈 헤스터의 남편 칠링그로우스는 딤스데일에 대한 복수 일념에 불타고 있었다. 결국 딤스데일은 자기의 과오를 고백함과 동시에 죽고, 그 광경을 본 칠링그로우스는 미쳐 버리는 것으로 소설은 끝난다.

한 사람의 종교인으로서, 혹은 교양인으로서 종교적인 문제를 취급한 이와 같은 소설을 재미로 읽어버리기에는 이 소설이 너무나 심각하고 현실적인 문제를 취급하고 있다. 먼저 종교인의 입장에서 이 세 주인공이 가졌던 각각의 문제점을 살펴보면, 헤스터의 드러난 죄, 딤스데일의 감추어진 죄, 그리고 칠링그로우스의 복수심과 오만이 쉽게 떠오른다. 이런 종류의 도덕적 저울은 너무나 예민하고 현실적이어서 독자도 그 어느 하나에 사로잡혀 있게 마련이다.

이 세 가지 유형의 죄악 가운데서 어떤 것이 가장 심각한 것일까? 시성(時聖) 단테는 '모든 죄악 가운데서 오만은 용서받을 수 없는 죄악'이라고 말했으며, 호손 역시 칠링그로우스의 오만한 성품을 가장 큰 죄악으로 규정했다. 법률에 규정되지 아니한 오만이 어째서 가장 큰 죄악일 수 있을까? 그 대답은 인간을 통찰 하시는 하나님의 눈에는 인간과 인간, 인간과 하나님 사이의 관계를 파괴하는 과오가 가장 크고 근본적인 죄일 수밖에 없기 때문일 것이다.

번잡한 도시를 떠나서 조용하고 은밀한 산간을 거닐며, 혹은 창백한 달빛이 내려 쏟는 광장을 휘청거리며 걷는 참회하는 젊은 목사 딤스데일의 모습을 상상해 보라. 가슴에 인간애를 간직한 독자라면 누구나 그를 용서하고 싶을 것이다. 용서하고자 하는 본능은 아마 인간의 본유적 성품일 것이다

자신이 범한 과오를 스스로 문책하려는 의지는 모든 실존이 지녀야 할 기본적인 태도이다. 딤스데일 이야 말로 한 사람의 성실한 실존주의자였다. 존재에 대하여 신념을 가진 사람이 상황에 대하여 불안을 의식하는 것, 이것을 우리는 기독교적 실존주의라고 말할 수 있을 것이다.

작가 호손은 엄격한 청교도주의를 경원하고 인간애를 호소하려는 의도에서 이 소설을 쓴 것 같다. 그는 모든 사람이 서로를 이해하고 용서한다면 세상의 죄악이 절반은 줄어들 것이라고 말했다. 종교 개혁자 루터는, "다른 사람의 과오를 들추어서 비난하는 것은 그와 똑같은 죄악을 범하는 것" 이라고 말했다. 용서와 사랑으로 긍정적 인생관을 가지자. 진리는 여기저기 놓여 있는 등잔과 같다. 다만 그것을 찾아서 소중히 간직하는 자에게만 불이 켜질 것이다.

참된 우정

알프레드 테니슨의 시 「인 메모리엄」

❋❈❋

프랑클린은, "사람에게는 믿을 만한 친구가 셋 있으니, 즉 늙은 아내와 늙은 개와 저금통장이다"라고 말했다. 현인, 석학의 말이라고 해서 비판 없이 받아들일 수야 있을까? 프랑클린의 말은 사실일 수는 있으나 보편성이 없는 말이다. 만약 우리의 인생이 그렇게 된다면 고독한 말년이 되고 말 것이다. 우리는 최소한 프랑클린의 우정에 대한 가설 위에 두 종류의 친구를 더 할 수 있어야 할 것이다.

우리는 어떤 친구를 가졌는가? 사람의 됨됨이를 알려면 그의 친구를 보라는 옛말처럼 친구란 자신을 비추는 거울이요 평생의 반려자이다. 성경은 친구를 위해서는 목숨도 버릴 수 있는 희생적 우정이 최고의 사랑이라고 말한다.

필자는 내 스스로 생각하는 참된 우정에 대하여 이야기하고자 한다. 이것을 다른 말로 표현한다면 우정과 신앙이라고 할 수 있을 것이다. 우정과 신앙은 때로는 함께 가며 때로는 도저히 함께 할 수 없는 상반된 가치가 되기도 한다. 쉬운 해답이 우리를 기다리고 있으니, 우정은 사람과 사람 사이의 교분을 나타내고, 신앙은 사람과 하나님과의 관계를 나타낸다.

19세기 영국의 계관 시인 알프레드 테니슨의 시에서 참된 우정을 찾아보기로 한다.

테니슨은 캠브리지 대학에 다니던 시절에 할렘(Arthur Henry Hallam)이라는 친구를 사귀게 되었다. 할렘은 테니슨 보다 18개월 아래였으며 어학에 뛰어난 재능을 가진 수재형의 인물이었다. 이 두 사람의 우정은 날로 깊어져서 마침내는 할렘이 테니슨의 동생 밀리야와 약혼까지 하게 된다.

그러나 할렘은 23세의 젊은 나이로 비엔나에서 객사하고, 친구를 잃은 슬픔과 고독을 메울 길이 없었던 테니슨은 그 자신의 표현대로 정신적 고아가 되어 방황하였다. 그는 마침내 마음을 안정하고 시작(詩作)에 전념하였다. 그의 친구 할렘을 애도하는 시만 해도 "아더의 죽음(Morte d'Arthur, 1842)"을 비롯해서 여러 편이 있지만 그 중에서 「인 메모리엄」이 대표적인 시로 보인다.

이 시는 그의 친구 할렘이 죽은 지 18년 후인 1851년에 완성되어 발표된 3,000행이나 되는 장시(長詩)이다. 할렘을 잃고 이 시를 쓴 뒤에도 테니슨은 일생 동안을 거의 할렘에 대한 추억과 시작(詩作)에 전념하며 살았다.

테니슨은 할렘과의 친분을 너무나 아쉬워한 나머지 그들 사이의 우정을 천국으로 까지 연장시키려고 했다. 그래서 그는 이 시에서 영혼불멸에 대한 강력한 신념을 노래했다. 그의 인간적인 우정은 마침내 하나님과의 대화와 신앙의 세계 속에서 안식처를 찾았으며, 미래의 그 어느 때 그들 두 사람의 영혼이 다시 만나서 교제할 수 있는 곳으로 천국을 택하였다. 우정이 신앙으로 승화된 경우라고 보아도 좋을 것 같다. 이로 인해 테니슨은 더욱 굳건한 신앙을 가진 사람이 되었다.

특히 이 시의 제 1편에서, 할렘의 유골을 실은 배가 항구로 들어와 할렘의 소원대로 제비꽃 피는 고국의 언덕에 매장되며, 그때까지 친구의 죽음이 믿어지지 않던 테니슨은 그의 무덤을 찾아가서 풀피리를 불며 '고요한 절망' 속을 헤맨다는 대목은 만인에게 감동을 주는 대목이다.

친구와 사별하고 18년이라는 긴 세월을 친구를 사모하며 추억을 더듬어 주옥과 같은 시를 쓴 시인의 우정을 상상해 보라. 테니슨은 크리스마스 때와 할렘의 생일인 2월 1일, 그리고 그가 죽은 9월에는 더욱 애절한 마음으로 친구와의 옛정을 사모했다.

진실한 친구의 가치는 옥합 속에서 반짝이는 보석같이 귀하다. 만인이 다 친구를 가지고 있으며, 만인이 다 우정의 가치를 알고 있을 것이다. 그러나 그런 우정들 중에서 참다운 우정은 얼마나 될까?

어느 날 소크라테스가 조그마한 오두막을 짓고 있었다. 그것을 본 제자가, "선생님, 그렇게 작은 오두막을 무엇에 쓰시려고 짓습니까?" 하고 물었다. 소크라테스는, "이 사람아, 이 작은 집일지라도 진실한 친구를 가득 채울 수만 있다면 다른 소원이 없겠네" 하고 대답했다. 사람은 누구나 다 진실한 친구를 가지기 원한다. 때로 "좋은 친구를 얻는 비결은 스스로 좋은 친구가 되는 것"이다.

후세에, 테니슨의 시를 평하는 이들은 그의 우정을 그의 신앙과 함께 평가했으며, 그의 문학적 업적을 결코 그의 우정 위에 놓으려고 하지 않았다. 그는 두 종류의 우정, 즉 사람과의 참된 교분과 하나님에 대한 건전한 신앙을 동시에 가진 사람이었다. 이 두 가지 우정을 동시에 소유할 수 있다면 우리의 삶은 더욱 풍요로워질 것이다.

젊은 날의 가치관

크리스토퍼 마르로의 희곡 「파우스트」

❀

세상에서 가장 귀한 것이 무엇일까? 돈, 사랑, 정직, 혹은 생명일까? 옛날부터 내려오는 인도의 격언에, "도둑도 훔칠 수 없고, 폭군도 침탈할 수 없고, 그대가 죽은 뒤에도 남아 있어서 결코 썩어버리지 않는 보물을 얻으라"는 말이 있다. 그런 귀중한 보물이 무엇일까?

괴테의 「파우스트」는 세상에서 가장 고귀한 것을 가장 하찮은 것과 바꾸어버린 사람에 대한 이야기이다. 아는 바와 같이 「파우스트」는 16세기의 극작가 크리스토퍼 마르로(C. Marlowe)의 「파우스트 박사의 비극」이라는 희곡이다. 주인공 파우스트의 선택과 고뇌는 지성인의 가치관을 반성해 볼 동기를 준다.

파우스트는 독일의 명문 비텐베르그 대학에서 의학과 철학, 법학과 성서를 강의하는 명망 있는 교수였다. 그러나 그의 내면에는 학문과 명예만으로는 만족할 수 없는 공허감이 도사리고 있었다. 정신적 가치보다 현세적 가치를 따른 나머지 악마의 유혹에 빠져서 지옥의 사자 메피스토펠리스를 만나 지상 최대의 계약을 체결하기에 이른다.

그 계약은 그로부터 24년 동안 파우스트가 원하는 모든 쾌락과 명예를 주는 대신 24년이 지난 후에는 그의 영혼을 맡기로 한 것이었다. 그것은 구약성경에서, 이삭의 아들 에서가 팥죽 한 그릇과 상속권을 바꾼 것을 연상하게 하는 어리석은 거래였다.

파우스트는 그 계약으로 그의 공허감이 메워지고 쾌락을 마음껏 유희하는 즐거운 여생을 보낼 수 있을 것이라고 생각했다. 그러나 파우스트는 전보다 더 심한 고통 속으로 빠져 들고 말았다.

후회의 눈물을 흘려도 소용없는 일, 결국 파우스트는 악마의 앞잡이가 되어 온갖 악랄한 행위를 저지르며 세계를 동분서주 한다. 한편 그의 명성은 독일 전역에 떨쳐지고 있었다. 악의 능력을 힘입은 파우스트는 심지어 이미 수 천 년 전에 죽은 고대 트로이의 미녀 헬렌을 소생시켜 정부로 삼기도 한다. 그러나 24년이란 세월은 덧없이 흘러갔다. 그 후 파우스트는 어떻게 되었을까?

사람은 누구나 다 무엇인가를 탐구하며 살고 있다. 지식과 사랑, 건강과 돈, 그리고 행복, 이 모든 것은 우리 생활에서 꼭 필요한 것들이다. 그러나 우리에게는 이런 현실적인 것만을 얻기 위하여 동분서주하기에는 너무나 엄숙한 또 하나의 가치가 있으며, 그것을 얻기 위하여 무엇인가 내가 좋아하는 것을 버려야 할 이유가 있다. 우리는 최소한 현실에서 눈을 돌려 삶이 끝나는 때, 즉 죽음에 뒤이어 오는 세계를 상상이라도 해 볼 수 있는 여유를 가져야 할 것 같다.

러시아의 문호 톨스토이는, "우리를 기다리고 있는 죽음만큼 확실한 것은 없다. 그럼에도 불구하고 우리들은 마치 죽음 같은 것은 존재하지도 않는 듯이 살고 있다"고 했다. 파우스트가 계약한 만 24년의 시간,

그것은 오히려 분명한 것이었다. '나에게는 얼마나 긴 여생이 주어져 있을까?' 이 문제는 모든 독자가 함께 생각하며 살아야 할 공통 과제일 것이다.

마침내 파우스트에게도 최후의 때가 닥쳐왔다. 그는 비텐베르그 그의 저택 서재에 앉아서 밤 12시를 기다리고 있었다. 깊은 절망 가운데 빠져서 11시를 치는 소리를 들은 파우스트는 어두운 허공을 향해 소리쳤다!

아름다운 자연의 눈, 태양(太陽)이여!
떠다오! 다시 떠다오!
떠서 영겁(永劫)의 낮이 되어다오!
이 파우스트가 회개하고 영혼을 구할
시간의 여유를 다오.

그러나 자정을 알리는 시종(時鍾)과 함께 천지를 진동하는 요란한 굉음이 들리고 악마 메피스토펠리스가 나타나 파우스트를 지옥으로 끌고 가버린다. 우리의 길지 않은 인생에서 참으로 가치 있는 것은 과연 무엇일까?

"너는 진리의 말씀을 옳게 분별하며 부끄러울 것이 없는 일꾼으로 인정된 자로 자신을 하나님 앞에 드리기를 힘쓰라." (디모데후서 2:15)

"이는 세상에 있는 모든 것이 육신의 정욕과 안목의 정욕과 이생의

자랑이니 다 아버지께로부터 온 것이 아니요 세상으로부터 온 것이

라." (요한일서 2:16)

얻은 만큼 잃을 줄 아는 지혜

샬롯 브론테의 「제인 에어」

사람이 있는 곳에는 언제나 고통이 있다. 이것은 낮에는 해가 돋고, 밤에는 달이 뜨는 사실만큼 엄연하다. 인류 시초부터 인간과 더불어 역사를 빚어온 이 고통의 정체는 무엇일까? 필자는 이 문제의 답을 찾으려는 것이 아니라, 숱한 문제를 숨기고 있는 인생의 신비 하나를 만인 앞에 내놓고 함께 생각해 보고자 할 뿐이다.

불타(佛陀)는 모든 고통의 근원을 욕망이라고 생각하고 사람이 자신의 심신을 수양해서 모든 욕망을 배격한 상태, 즉 자신까지 버리는 무아(無我)의 경지에 들어가는 것이 곧 선(善)이며 그것이 곧 극락(極樂)이라고 말했다.

고통에 대한 불타의 삼단논법의 대전제는 모든 것을 망각하는 것이었다. 분명히 사람은 다 욕망을 가졌고, 또 욕망으로 인하여 고통을 당하기도 한다. 그러나 그의 결론처럼 욕망을 없앤다면 정말 고통을 배제할 수 있을까? 이보다 더 근본적인 문제는, 과연 사람이 자신의 욕망을 다 버릴 수 있는가 하는 것이다. 궤변 같기도 하지만 욕망을 버리고자 하는 마음도 결국은 또 하나의 욕망일 것이다. 정신적인 욕망, 혹은 집념은 버릴 수 있다고 하더라도 생리적인 현상으로 일어나는 욕망은 어떻게 없앨 수 있단 말인가?

성경은 모든 욕망을 다 선(善)이라고 보지는 않으나, 그것을 버리기보다는 극복하고 선한 방향으로 사용하도록 권고한다. 잠시 욕망에 대한 야기를 접어두고 만인의 심금을 울려준 작품 속의 한 여성을 통해 이 문제를 새로운 각도에서 조명해 보기로 하자.

「제인 에어」는 18세기 영국의 여류작가 샬롯 브론테의 작품이다. 저자 샬롯은 가난한 목사의 딸로 태어나서 작가가 되겠다는 집념으로 살다가 짧고 불행한 일생을 마친 여성이었다. 브론테 일가는 폐결핵으로 인해 가문이 기울고 말았다. 샬롯 역시 병약한 몸으로 태어났으나 작가가 되겠다는 무서운 집념과 천성적인 문학적 소질로 인하여 불후의 명작을 낼 수 있었다. 그녀의 언니 에밀리 역시 「폭풍의 언덕 (Wuthering Heights)」이란 단 한 권의 소설을 내놓고 30세의 젊은 나이에 요절했다. 「제인 에어」는 자서전체로 쓰여진 소설의 여주인공의 이름이기도 하다.

이야기는 과히 잘 생기지 못한 '제인' 이란 소녀가 외삼촌 댁에서 고달픈 더부살이 생활을 하는 것으로부터 시작된다. 제인은 갖은 학대와 편견 가운데서 6년간의 교육 과정을 마치고 모교에서 교사직까지 얻게 되었으나 그 생활에 만족하지 않고 신문에 구직광고를 내어, 돈필드 지방의 유지 에드워드 로체스터의 저택에 가정교사로 들어가게 된다. 주인 로체스터는 도시에 혼자 살면서 일 년에 한두 차례 예고도 없이 불쑥 저택에 나타나곤 하는 수수께끼의 인물이었다.

그러나 세월이 한 참 지난 후 제인은 로체스터와 결혼을 약속했으나 예기치 못한 불행을 직면하게 된다. 제인이 결혼식장에서 로체스터 가(家)의 비밀을 알게 된 것이다. 즉 로체스터의 아내는 수 년 전에 정신이 상자가 되어서 저택 한 구석에 감금된 채 살고 있다는 사실이었다. 미친 로체스터 부인의 난폭한 모습을 본 제인은 큰 충격을 받고 말없이 그곳을 떠나고 만다.

돈필드를 떠나서 갖가지 삶을 다 경험한 제인이 수 년 후에 다시 돈필드를 다시 찾았을 때, 그녀의 앞에는 당당한 위용을 자랑하던 저택은 간 곳 없고 불타버린 폐허만이 남아 있었다. 로체스터 부인이 불을 질러서 그녀 자신은 타 죽고 로체스터는 소경이 되어 하인들과 함께 한거(閑居)하고 있었다.

이 이야기 가운데 나오는 인물들은 다 강렬한 집념을 가진 사람들이며, 또 그들은 강인한 집념으로 고통을 이겨내고 승리한 사람들이었다. 역경을 헤치고 꿋꿋하게 살아가는 여주인공 제인의 모습은 오늘날 모든 여성들이 거울삼아 들여다보아야 할 산 교훈이다. 인생의 목표를 설정해 놓고 그것을 성취하기 위하여 정진하는 사람들에게 시련과 고통이 없을 수는 없을 것이다. 고통이란 것이 어쩌면 강인한 집념을 가지고 사는 사람들에게 오히려 당연한 것처럼 찾아가는 지도 모를 일이다.

제인은 비참한 여생을 보내고 있는 로체스터를 위로하다가 결국은 다시 그의 반려자가 되기로 결심한다. 자기를 필요로 하는 사람을 위하여 자신을 내던진 것이다. 파란 많은 소녀시절을 지낸 제인은 이제 한적한 시골에 묻혀 장님이 된 남편의 시중을 드는 것으로 두 번째 인생을 출발하게 된다.

무엇인가를 성취하기 위해 손해를 볼 줄 아는 것은 용기 있는 사람이 아니면 할 수 없는 일일 것이다. 순결하면서도 우직한 고집을 가진 제인 에어의 이야기, 참으로 아름답고 슬픈 이야기이다. 사람은 왜 언제나 하나를 얻으면 하나를 잃어야 하는 것일까? 사랑을 얻으려면 꿈을 잃고, 믿음을 얻으려면 흔히 세상을 잃어야 한다. 그러나 이렇게 생각해 보자. 돈을 주고 마음에 드는 보석을 사는 것 같이 내가 가진 것을 지불하고 더 귀한 것을 차지하는 것이라고. 그리고 그것은 그것을 필요로 하는 사람에게 주기위한 것이라고.

인간에 대한 성실성

알베르 까뮈의 「전락(轉落)」

＊＊＊＊＊

　우리는 그 어느 때보다 인간에 대한 성실성을 필요로 하는 시대에 살고 있다. 급변하는 삶의 현장에서 불안과 성실성은 동전의 양면처럼 교차 하면서 우리를 찾아온다. 불안의 근원은 존재의 문제이다. 아득한 옛날 옛적부터 생각해온, 나는 누구이며 나는 어디서 와서 어디로 가고 있는가 하는 질문이 바로 내가 찾아낸 불안의 근원이었다.

　'불안' 이란 말을 큼직하게 원고지 위에 써 놓고 보니, 문득 까뮈와 카프카 등 실존주의 작가들에 심취 했던 학창시절이 생각난다. 젊은이 들은 그들의 작품에 빠져서 실존주의 작가들의 상용어인 불안이니, 부조리니, 방황이니, 혹은 고독이니 하는 말을 마치 자신의 삶의 일부처럼 착각하기도 했다. 그때 내가 읽은 작품 중에서 내게 가장 깊은 감명을 준 것은 까뮈의 「전락」과 「페스트」였다. 나는 이 두 소설의 스토리나 플롯보다는 그 분위기를 좋아했다. 거기에 등장한 인물들은 성실한 삶으로 불안을 극복하려 했다.

　자서전체로 쓰여진 「전락」에는 장 파티스트 크라망스가 유일한 인물이다. 크라망스는 유능하고 동정심과 의협심 많은 변호사였다. 어느 날 저녁, 그는 세느 강 다리를 지나다가 문득 뒤에서 들려오는 웃음소리를 들었다. 곧 뒤를 돌아보았으나 거기에는 아무도 없었다. 돌아서서 걷는 그의 등 뒤에서 또 웃음소리가 들려왔다. 크라망스는 허겁지겁 집으로 돌아가서 거울 앞에 섰다. 그러나 거울 속에 나타난 그의 미소가 왠지 이중(二重)으로 보였다.

여기에서부터 크라망스의 인생에 변화가 일어나기 시작한다. 문득 그가 몇 년 전 그곳을 지나갈 때 투신자살을 하려던 여자가 있었으나 구하지 않고 지나친 기억이 머리에 떠올랐다. 그 생각을 하면 크라망스는 자기 자신이 미워졌다. 그는 결연히, "인간은 두 면을 가지고 있어서 자기를 사랑할 수 없는 사람은 남을 사랑할 수도 없다"고 말한다. 그는 지금까지 자기가 베푼 이웃에 대한 사랑과 의무에 대한 성실성은 한낱 위선에 불과한 것이었다고 생각한다. 그날 이후로 그는 집을 뛰쳐나와 암스텔담의 부둣가와 바를 전전하며 지나가는 사람들의 옷깃을 붙잡고 자기의 옛이야기를 늘어놓는 주정꾼으로 전락하고 만다.

여기에서 우리는 낭만주의의 기수 사무엘 코릿지의 장시(長詩) "늙은 수부의 노래"를 연상하게 된다. 늙은 선원은 결혼식에 초대받은 사람들의 앞길을 가로막고 자기가 바다에서 겪은 갖가지 경험담을 늘어놓는다.

크라망스는 자기 인생의 성숙기를 노리던, 예기치 못한 "불안"이라는 침입자에게 그의 인생 전부를 유린당하고 만다. 조그마한 불안과 후회로 인해서 지금까지 그가 세웠던 성실과 근면의 탑이 모두 허물어지고 말았다.

그러나 우리는 까뮈의 작품 가운데서 불안과 절망으로 인해 오히려 인생의 가치와 의미를 되찾은 이야기도 읽을 수 있다. 그것이 곧 「페스트」이다. 이 소설에서 우리는 어느 성(도시)에 들어갔다가 갑자기 그 성에 페스트가 범람해서 성문이 폐쇄되자 꼼짝 못하고 갇혀버린 랑베르라는 신문기자를 만난다. 그는 온갖 수단을 다 동원해서 그 도시를 탈출하려고 한다.

그러나 막상 그렇게 갈망하던 탈출이 눈앞에 다가온 시점에서 그는 탈출을 포기하고 그곳에 남아서 페스트에 허덕이는 수많은 생명들을 위하여 인간에 대한 성실성을 실천하게 된다.

불행을 당한 사람이 그것으로 인해 자기 인생의 다른 것까지 잃어버리느냐, 혹은 작은 것을 잃고 더 큰 것을 얻을 준비를 하게 되느냐 하는 것은 각자의 신념과 태도에 달린 문제일 것이다. 「전락」과 「페스트」에서 우리는 예기치 못한 사건을 당하고 그것으로 인해 전락해버린 인간과 그것을 계기로 인간의 노블리스 오블리쥬를 찾은 사람들을 발견한다.

만약 크라망스에게 어떤 종류의 종교나 신념이 있었던들 그렇게 허망하게 자기를 포기하지는 않았을 것이다. 크라망스의 등 뒤에서 들려온 그 짧막한 웃음소리, 한 인간이 세워놓은 인생 전체를 송두리째 비웃어 버린 그 웃음소리! 어두운 밤 한적한 길을 걸으면서 귀를 기울여 보라! 고요히 흘러내리는 강물소리, 그리고 별이 총총한 하늘, 이 숨김없는 자연 가운데 사는 사람들. 웃음소리는 등 뒤에서 난 것이 아니라 크라망스의 가슴속, 즉 자신의 내부에서 흘러나온 것이 틀림없다. 언제 닥쳐올지 모르는 그와 같은 순간(불안)을 극복하고 인간의 삶을 사는 비결은 아마도 종교에서부터 나오는 것이 아닐까 생각해 본다.

"내 영혼아 네가 어찌하여 낙심하며 어찌하여 내 속에서 불안해 하는가 너는 하나님께 소망을 두라 그가 나타나 도우심으로 말미암아 내가 여전히 찬송하리로다." (시편 42:5).

인생의 목적

알베르 까뮈의 「시지프스의 신화」

⁂

비록 자기 스스로 불행하다고 느끼는 사람일지라도 "당신은 참 불행한 사람이야"라는 말을 듣는다면 그의 기분은 유쾌하지 못할 것이다. 이 소설의 주인공인 시지프스라는 사나이는 스스로에 대해 행복하다거나 불행하다고 생각하지는 않았지만 사람들은 그를 이 세상에서 가장 불행한 사람이라고 생각한다.

어떤 사람이 진정 행복한 사람이며, 어떤 사람이 불행한 사람일까? 우선 세상 사람들이 '불행한 사람'이라고 낙인찍은 시지프스부터 살펴보기로 하자. 요약하면, 시지프스는 신들로부터 바위를 산꼭대기까지 굴려 올리라는 영원한 형벌을 선고받은 사나이였다. 그 바위는 산정(山頂)에 오르는 순간 다시 아래로 굴러 내려간다. 시지프스는 이 목적 없는 행위를 영원히 반복해야 했다. 신들은 무익하고 희망 없는 노동보다 더 무서운 형벌은 없을 것이라고 생각하고 그에게 이런 형벌을 준 것이다.

시지프스는 어떤 사람이었기에 이런 형벌을 받게 되었는가? 희랍의 시성(詩聖) 호머는 "시지프스는, 사람 가운데서 가장 현명하고 신중한 사람이었다"고 말했다. 전설에 의하면 그는 산적이었다고도 한다. 그러나 그가 지옥에 떨어져서 이와 같이 무익한 노동을 계속하지 않으면 안 되었던 까닭은 그의 인격이나 직업 때문이 아니라 그가 신의 비밀을 누설했기 때문이라고 한다. 시지프스는 쥬피터가 아소프의 딸을 납치해 간 사실을 알고 있다가, 그것을 아소프에게 알려주고 그 대가로 자기가 사는 지역에 물을 공급 받았다가 그 사실이 탄로나 쥬피터의 노여움을 사서 지옥에 떨어지게 되었다고 한다.

또한 이와는 다른 추측도 있다. 즉, 시지프스는 자기가 죽기 직전에 아내의 사랑을 시험하기 위해서 죽은 후에 자기의 시체를 매장하지 말고 광장에 버리라고 유언했다. 그의 아내는 남편의 유언대로 그의 시체를 광장에 버렸다. 시지프스는 죽은 후에 이 사실을 알고 아내의 맹종에 오히려 화가 나서 지옥 왕 플루톤에게 말미를 얻어 아내를 벌하기 위해 지상으로 올라온다. 그러나 지상에 올라온 시지프스는 마음이 변했다. 까뮈는 그런 시지프스의 마음을 다음과 같이 표현했다:

"또 다시 이 세상맛을 보고 물과 태양, 그리고 햇볕에 달구어진 돌과 바다 맛을 보자 그는 이미 저승의 어둠 속으로 다시 돌아가고 싶지 않았다. 신들의 소환도, 분노도, 경고도 아무 소용이 없었다. 그 후 긴 세월을 그는 하구와 연안, 찬란한 바다, 그리고 대지의 미소와 함께 세상에서 살았다."

분노를 참지 못한 신들은 쥬피터의 아들 메르큐르를 세상에 보내어 그의 목덜미를 잡아 다시 지옥으로 끌고 갔다. 지옥에는 이미 바위가 준비되어 있었고 시지프스는 거기서 영원히 끝없는 노동을 계속하지 않으면 안 되었다.

어느 이야기가 옳은 것이냐 하는 것은 중요하지 않다. 오늘날 이 세상에 사는 많은 사람들 가운데서 시지프스처럼 일하지 않는 사람이 몇

이나 될까? 노동의 종류는 다를지라도 사람은 다 노동을 하고 있다. 그러면서도 우리가 시지프스를 향해서 불행한 사람이라고 말하는 것은 무슨 이유일까? 그것은 아마 우리는 노동의 가치를 알고 노동의 목적을 가지고 있지만 시지프스는 목적의식도 없고 희망도 없는 노동을 반복하고 있기 때문일 것이다.

저자 까뮈는 사람이 자기의 위치를 인식하고, 이전에 자기에게 관련되어 있던 모든 관계를 단절함으로써 비로소 부조리(不條理)에서 탈피하게 되는 것이라고 말했다. 그렇다면 그가 말하는 부조리는 종교적인 의미에서 불교에서의 해탈(解脫)이나 기독교에서의 중생(重生)의 개념과 비슷한 것이 아닐까? 해탈이나 중생이 다 자신을 깨닫고 과거와 더불어 절연함으로써 부족한 자신의 존재를 발견하는 것이기 때문이다.

까뮈는 "행복과 부조리는 동일한 대지(大地) 안에서 태어난 두 아들"이라고 말했다. 사람은 부조리를 인식하기 전에는 진정한 행복을 발견할 수 없고, 동시에 행복을 구하려는 노력없이는 부조리를 발견하지 못한다. 우리는 부조리란 말을 자아의 발견 혹은 인식이라고 쉽게 이해하기로 하자. 만약 시지프스가 자기의 처지를 전혀 모른 채 신들의 명령에 맹종하고 있다면 그는 불행할 것도 행복할 것도 없는 그저 그런 인간일 것이다. 그러나 만약 그가 자기의 불행한 처지와 자기의 부조리한 현실을 분명하게 인식하고 새로운 자아의 발견을 위해서 노력한다면 그는 '불행을 행복으로' 만들 수 있는 사람일 것이다.

나 자신의 시지프스를 어디에 둘 것인가? 산꼭대기인가, 아니면 산기슭인가? 까뮈는 서슴지 않고 "나는 나의 시지프스를 산기슭에 놓아둔다"고 말했다. 출발하면서 힘쓰겠다는 의미일 것이다. 자기 인생에 대한 분명한 이해와 목적 없이 그날그날 그저 그렇게 살아가는 사람들은 불행한 시지프스이다. 그러나 자기자신과 자기에게 부여된 과업(의무)이 무엇인가를 알고, 그것을 자기의 한 부분이라고 생각하며 생활에 임하는 사람은 희망을 가진 시지프스일 것이다.

명예로운 죽음

조셉 콘라드의 「로드 짐」

⟨⟩

"명예를 잃는 것은 생명을 잃는 것이다." 이것은 영국의 문호 셰익스피어의 말이다.

1857년 폴란드에서 조셉 코르제니오브스키라는 아이가 태어났다. 그는 자라나서 영국에 귀화하여 선장이 되었다. 그가 바쁜 일과 가운데서 틈을 내어 쓴 여러 편의 소설 가운데 「로드 짐」(Lord Jim, 1900)이라는 소설이 있다. 이 소설을 통하여 그의 인기는 온 영국에 퍼지게 되었으며, 그는 한 사람의 선원으로서보다 한 사람의 소설가로서 더욱 인정받게 되었다. 그가 곧 조셉 콘라드(Joseph Conrad)이다.

이 소설은 짐이라고 불리우는 선원의 이야기로부터 시작된다. 야망에 부푼 청년 짐은 메카로 가는 회교 순례자들을 실은 파트나호에 항해사로 승선한다. 그러나 배가 홍해를 지날 무렵 별안간 큰 폭풍을 만나서 급기야는 좌초하여 침몰 직전에 이르게 된다.

겁을 먹은 백인 선원들은 구명정을 내려 타고 자기들만 도망치려고 한다. 그렇지만 짐은 자기의 목숨보다 수 백 명의 순례자의 목숨을 생각하여 주저하게 된다. 하지만 막상 동료들을 태운 구명정이 떠나려고 할 때 그는 겁을 먹고 뒤늦게 구명정에 오르게 된다. 그러나 이튿날 아침 그들이 목적한 항구에 도착하고 보니, 이게 어찌된 일인가? 침몰 당했을 것이라고 생각했던 파트나호와 순례자들이 항구에 안전하게 들어와 있는 것이 아닌가! 이 일로 파트나호의 승무원들은 비겁자라는 치명적인 오명을 듣게 된다. 이것은 명예를 중시하는 영국인, 더구나 선원으로서는 참기 어려운 수치요, 불명예였다.

짐은 이 고통에서 헤어나기 위해 항해사를 그만두고 세계 이곳저곳을 방랑하였으나 아무 소용이 없었다. 수 년 간 이런 생활을 하던 짐은 마래군도 깊숙한 외딴 섬에 들어가 파푸산이라는 마을에 정착했다.

그는 그곳에서 세력을 잡고 있는 회교족의 추장 도라민의 신임을 얻어 그의 아들 윌리스와 가까이 지내면서 사실상 파푸산의 지배자로 들어앉는다. 또한 그는 코네류스라는 백인 상인에게 학대받는 그의 의붓딸을 구출해서 아내로 맞고 인생의 새 출발을 시작한다. 그러나 간신히 얻은 이 행복도 오래가지 못 하였다.

그로부터 수년이 지난 어느 해, 브라운이라는 해적이 마을에 침공했다. 현명한 해적 브라운은 예상 외로 방비가 튼튼한 것을 보고 짐의 제안대로 휴전 협상을 하게 된다. 협상은 짐에게 성공적으로 끝났으나 짐의 인기와 명성에 질투심을 느낀 브라운은 그 마을을 떠나면서 추장의 아들 윌리스를 죽이고 만다.

만약 주민의 피를 흘리게 되면 자기의 목숨을 내놓겠다고 추장에게 화평 안을 제안했던 짐은 또 한 번 자기 인생의 위기에 봉착하게 되었다. 자기의 죽은 아들만큼이나 짐을 사랑하는 추장 도라민은 짐에게 다음 날 아침 해가 돋기 전에 그곳을 떠나라고 경고한다. 그렇지 않으면 그는 죽음을 면할 수 없게 되는 것이다. 짐은 집에 돌아가 아내에게 자신의 양복을 손질하게 한다. 그는 머리를 빗고 세수를 하고 오랫만에 꿈에도 그리던 자랑스런 선원 복장을 하고 섬 가운데로 나선다. 그는 지정된 시간에 섬을 떠나지 않았다.

이미 열대의 태양은 하늘 높이 솟아올라 있었다. 광장에는 온 섬의 주민들이 다 몰려나와서 장차 일어날 일에 가슴을 조이고 있었다. 이윽고 짤막한 한 발의 총성이 울리고 짐이 쓰러졌다. 온 섬 주민들의 애도 속에 윌리스와 짐의 장례행렬이 길게 이어졌다.

짐은 죽는 순간 과거 파트나호에서 범한 자기의 과오를 이것으로 깨끗이 씻고, 이 죽음을 통해 자기는 결코 비겁한 사람이 아니라는 명예를 회복할 수 있을 것이라고 생각했을 것이다. 그는 자기 인생의 수치와 과오를 죽음으로 대신하려고 했다. 후세에 콘라드의 작중인물을 평하는 비평가들은 짐의 명예로운 죽음을 칭찬하는 데 인색하지 않았다.

독자의 한 사람으로서 필자 역시 그의 죽음을 이해하고 싶고, 그의 인간됨을 높이 평가하고 싶다. 그러나 이와 같은 사고방식, 혹은 인생관을 널리 자랑하고 싶은 생각은 없다. 그것은 오늘날 많은 사람들이 생명을 버리는 것으로 자기의 모든 과오가 지워질 것이라고 잘못 생각하고 있기 때문이다. 그러한 죽음은 비겁한 희생에 불과한 것이다.

까뮈는 '실존주의자는 자기 인생의 책임을 스스로 감당할 줄 아는 사람' 이라고 말했다. 필자는 자기의 인생, 혹은 자기의 존재를 탐구하고 존중하는 사람을 우리는 실존주의자라고 말하고 싶다. 까뮈는 인간이 자기의 과오에 대하여 책임을 지는 방법을 설명하지는 못하였다. 그는 일찍이 "만약 내가 도덕에 관하여 100페이지의 글을 쓴다면 99페이지는 백지일 것"이라고 말한 일이 있다.

이와 같은 사실로 미루어 볼 때 그는 도덕적인 선행이 인생의 과오에 대한 책임을 지는 방법이라고 생각한 것 같지는 않다. 까뮈의 소설 「전락」의 크라망스의 방황에서 보는 것처럼, 어쩌면 까뮈는 이 문제의 해답을 스스로도 발견하지 못하고 죽었는지도 모른다. 명예로운 죽음, 그것은 자신의 명예가 아닌 타인을 위해 죽는 죽음이다. 자신의 과오 때문에 자신을 죽여야 한다면 이는 과오에 하나의 새로운 과오를 더하는 것이 되고 말 것이다.

이 문제의 해답은 독자의 양심이 소리쳐 말해 줄 것이다. "그래도 나는 모르겠어"라고 말하는 사람이 있다면 그는 자신을 속이는 사람일 것이다. 인생이란, 용기를 가지고 전진하는 사람에게만 명예를 가져다준다. 내가 내 생명을 포기해야 할 경우가 생긴다면 그것은 아마 다른 더 귀중한 생명을 위해 희생할 기회일 것이다.

순결과 부정 사이

까뮈의 단편 「부정(不貞)」

〰〰

　앞서 소개한 바 있는 알베르 까뮈는 장편소설 뿐 아니라 여러 편의 단편과 중편소설도 남겼다. 「추방과 왕국」이라는 이름으로 발표된 그의 중편소설집 가운데는 참으로 놀라운 착상과 추리력을 바탕으로 한 이야기들이 수록되어 있다.

　「이방인」의 주인공 뫼르소나 「전락」의 크라망스, 「페스트」의 류와 타류 등 그의 작중인물들은 원래는 한결같 이 평범한 사람들이었지만, 그 소설의 끝부분에 가서는 간명하게 표현할 수 없는 복잡하고 난해한 인물들이 되어버린다. 이것이 까뮈의 소설에 흐르는 공통적인 흐름인 것 같다. 그러나 까뮈의 단편 「부정」에서는 이와 같은 종래의 그의 수법을 찾아 볼 수 없을 뿐 아니라, 소설의 기본 요소라고 하는 구성과 복선과 허구가 없는 하나의 기행문과 같이 전개된 소설이다.

　자닌느라는 마음씨 고운 프랑스 여자를 따라 알제리의 남단에 끝없이 펼쳐진 12월의 싸늘한 사막 길을 여행해 보기로 하자. 한 가지 섭섭한 것은 우리의 안내자 자닌느가 아리따운 아가씨가 아니라 이미 결혼한 지 20년이나 되는 중년의 여인이며, 또 이번 여행에는 그의 남편도

동행하고 있다는 사실이다.

　그러나 이미 우리를 실은 버스는 출발했다. 언제 어디서 엔진이 꺼질지도 모르는 불안한 버스에 몸을 실은 우리는 이따금씩 열대의 겨울 추위에 오들오들 떨고 서 있는 사보텐의 모습을 발견할 뿐, 바람과 먼지 속에 묻힌 희뿌연 창공 외에는 아무것도 보지 못한다. 버스 안에는 외인부대의 깡마른 군인 한 사람과 자닌느 부부를 제외하고는 다 헐벗고 굶주린 아랍인들뿐이다.

　외인부대의 군인은 끊임없이 자닌느의 옆얼굴에다 시선을 주고 있다. 자닌느는 졸고 있는 남편의 어깨에 기대어서 군인의 시선을 의식하며 눈을 감고 있다. 창밖에는 누더기를 걸친 목동들의 모습이 잠시 보였다가 이내 지평선 저쪽으로 사라졌다. 마침내 버스가 사막 한가운데 있는 어떤 오아시스 안으로 들어섰다. 싱겁게도 우리의 여행은 여기서 끝난다.

　그런데 정작 커다란 사건은 바로 이 여행의 종착역인 오아시스의 호텔에서 일어난다. 요약하면, 자닌느의 부정(不貞)사건이다. 자닌느의 남편 마르셀은 아랍인들을 상대로 포목을 팔고 있으며 이번 여행도 역시 장사가 목적이었다. 마르셀은 집에서 혼자 쓸쓸하게 있을, 착하고 아름다운 아내 자닌느를 위로하기 위해서 함께 여행을 하자고 제안했던 것이다.

　그러나 자닌느는 집에 있지 않고 여행을 떠나온 것을 후회했으며 심한 피로와 권태를 느꼈다. 자닌느의 그러한 마음은 호텔을 정하고 냉기가 스며드는 얼룩진 회벽 안에 동그마니 놓인 낡은 침대에 어설프게 몸을 던진 후에도 가시지 않았다.

간단한 저녁식사가 끝난 후에 그녀는 남편과 함께 잠자리에 들었다. 마르셀은 곧 코를 골았으나 자닌느는 잠이 오지 않았다. 자닌느는 문득 낮에 자기에게 시선을 준 외인부대의 병사를 생각했다. 그리고 또 가난한 아랍인들을 생각했다. 그녀는 조용히 남편 곁을 빠져나와 성벽 한쪽 끝에 세워진 높은 망대 위로 올라갔다. 자닌느는 그 망대 위에서 대체 무슨 일을 했단 말인가? 까뮈의 설명을 경청해 보자.

> 그 여자는 숨을 내쉬며, 추위도, 존재의 중압감도, 생사에 대한 오랜 불안도 잊었다. 공포에 쫓기면서 목적 없이 정신없이 뛰어 다니던 몇 해만에 그녀는 마침내 걸음을 멈추었던 것이다. 그러자 동시에 자기의 뿌리를 발견한 것 같았고 수액(樹液)이, 이제는 떨지 않게 된 육체에 다시 오르는 것 같았다.

이 뒤에도 이야기는 좀 더 계속되지만 아무런 사건도 일어나지 않은 채 자닌느가 남편 곁으로 돌아가는 것으로서 소설은 끝난다. 이 소설에서 까뮈가 말하려고 했던 자닌느의 부정은 무엇이었을까? 그가 외인부대 병사를 잠시 생각한 것이었을까, 혹은 20년을 함께 살아온 남편에게서가 아니라 자연의 품속에서 새로운 자아를 발견했다는 사실이었을까?

만약 양자 중 어느 하나 때문에 그녀가 부정한 여자가 되어야 한다면 이 세상에 순결한 여자는 없을 것이다. 이 소설이 말하는 죄악의 범주는 마치 산상보훈이 우리에게 주는 선과 악의 한계에 대한 개념과 같다. 선과 악, 그리고 순결과 부정. 여기에는 어떤, 얼마나 큰 간격이 있을까? 까뮈는 일찍이 종교나 도덕을 따르는 인간의 성향을 비난하고 자연에 대한 사랑을 강조했다. 그러면서도 그는 밤의 대지 가운데서 평안을 발견한 자닌느를 부정한 여자라고 선언했다. 이것이 곧 어쩔 수 없는 까뮈의 자가당착(自家撞着)이 아닐까. 그것이 곧 그의 위대함일지도 모르겠지만 말이다.

만인이 가질 수 있는 순정

도스토예프스키의 「죄와 벌(罪와 罰)」

✦

만약 누가 내게 가장 심취했던 작가 몇 사람을 말하라고 한다면 나는 주저하지 않고 그 중 한 사람으로 도스토예프스키를 지적할 것이다. 지이드는 섬세하나 깊은 맛이 없어 보이고, 셰익스피어는 위대하지만 철학이 없는 것 같다. 키츠는 아름다우나 미래를 찾을 수 없고, 모옴과 프로스트는 너무나 대중적이고 또 너무나 민족적이어서 때로는 지루함과 거리감을 느끼게 한다. 이런 작가들에 비해 도스토예프스키는 신비한 매력을 가진 작가이다. 이 소설은 저자가 도박을 해서 진 빚을 갚기 위해 급히 쓴 것이라고도 한다.

나는 「죄와 벌」에 나오는 두 주인공, 즉 대학생 라스콜리니코프와 창녀 소냐의 대화를 통해서 가난한 소시민들의 축복이라 할 수 있는 '순정' 이란 것에 대해서와 이 순정과 종교적인 신앙과의 직 간접적인 관계에 대해서 피력하려고 한다.

우선, 소설의 줄거리부터 요약해 보자. 모스크바 대학에서 법학을 공부 중인 가난한 청년 라스콜리니코프는 자기 자신에 대하여 하나의 그릇된 관념을 가지기 시작한다. 그것은 자기는 평범한 사람이 아니라 모든 사람을 초월하는 초인(超人)이라는 생각이었다. 마침내 그는 자기와 같은 초인은 세상의 법률이나 관습에 얽매여서는 안 된다고 생각하기 시작한다.

이럴 즈음 시골집에서 자립하라는 편지가 온다. 앞길이 막막해진 라스콜리코프는 길모퉁이에 있는 전당포를 털기로 작정하고 마침내 계획을 실천에 옮긴다. 라스콜리니코프는 고리대금 노파를 죽이고 그녀의 돈과 보석을 강탈하는 데는 성공한다. 그러나 예기치 못한 사건이 발생했으니, 강탈한 돈을 가지고 나오다가 자기의 얼굴을 알고 있는 하녀를 만나게 되어 그녀까지 죽이게 된 것이다.

그는 끈질긴 경찰의 수사를 교묘하게 빠져나간다. 그러나 이 청년 법학도는 자기의 내부에서 소리치는 양심의 외침으로 인해 심각한 고뇌에 빠진다. 고리대금업자는 사회적 암이라는 단정, 자기와 같은 초인은 세속적인 법률의 제한을 받지 않는다는 신념, 그리고 자기는 훌륭한 일을 했다는 자부심…. 그러나 이런 것들이 그의 범죄를 정당화시켜 주지는 못했다.

이런 착잡한 고민에 빠져 있을 즈음, 그는 우연히 소냐라는 창녀를 만나게 된다. 이 두 사람은 처음부터 연정을 느껴서 만나게 된 것은 아니었다. 두 사람은 전부터 종교에 대하여 곧잘 입씨름을 벌이곤 하였다. 말하자면 신앙을 가진 자와 신앙이 없는 자와의 대결이었다.

어느 날 소냐는 라스콜리니코프와 이야기하는 중에 "하나님"이란 말을 하였다. 그 말을 들은 라스콜리니코프는 비난 섞인 말투로 "아니야, 어쩌면 하나님은 없는 존재인지도 몰라" 하고 대답하였다. 그 말을 들은 소냐가 울음을 터뜨리는 것이었다. 라스콜리니코프는 갑자기 자리를 차고 일어나더니 허리를 굽혀 소냐의 발에 키스를 했다. 소냐는 깜짝 놀라 뒤로 물러서며 자기와 같이 천한 여자에게 이게 무슨 짓이냐고 소리쳤다. 라스콜리니코프는 조용히 그 자리에서 일어나 "나는 당신에게 머리를 숙이지 않았소, 나는 온 인류의 곤고에 대하여 머리를 숙인 것이요" 하고 조용히 말했다.

이 일이 있은 뒤, 소냐는 자기의 셋방을 다시 찾아온 라스콜리니코프에게 신약성경을 읽어 주었다. 라스콜리니코프는 베다니의 나사로가 소생한 기적을 듣고 흥분하고 놀라워했다. 라스콜리니코프는 자기의 살인을 소냐에게 만은 고백하지 않으면 안 된다고 느꼈다.

그의 고백을 듣는 동안 소냐의 심장은 무섭게 뛰었고 자신도 모르는 사이에 비명이 터져 나왔다. 그녀는 곧 살인자의 목에 매달려 키스하면서 외쳤다.

> "어떻게 하면 좋냐구요. 일어나세요. 지금 곧 나가서 네거리에 서세요. 그리고 몸을 굽혀 당신이 더럽힌 대지에 키스를 하세요. 그리고 전 세계에 들릴 만큼 큰 소리로 '나는 사람을 죽였어요' 하고 소리치세요. 그러면 하나님이 당신에게 생명을 부여해주실 거예요."

스스로를 초인이라고 믿고 있는 라스콜리니코프는 처음에는 꿈쩍도 하지 않았으나 결국 소냐의 말대로 자수하고 8년의 형기를 언도받고 시베리아로 유형을 가게 된다. 물론 그의 유형 길에는 소냐가 동행하였다.

소설 속에서 소냐는 사랑의 화신이요, 고통당하는 인류의 상징이었다. 그녀가 한 사람의 창녀로서 그처럼 한 남자를 사랑할 수 있었다는 것은 그녀가 가진 신앙의 힘이었을 것이다. 무엇이 그녀에게 꺼지지 않는 사랑의 불을 붙여 주었으며, 그 불꽃 속에 또 한 사람의 과오까지 연소시킬 수 있는 힘을 주었을까?

소냐와 같이 사회적으로 천한 여자라고 낙인찍힌 사람이 이렇듯 깨끗한 순정을 가졌거늘 누구인들 이런 순정을 소유할 수 없으랴! 생에 대한 의욕과 용기를 줄 수 있는 여자, 대상의 모든 것을 다 포용할 수 있는 폭을 가진 여자처럼 위대한 피조물은 없을 것이다. 언제든지 그런 여성을 창조할 수 있는 능력을을 가진 작가의 위대함은 어디에 비교해야 할 것인가?

> 사람이 친구를 위하여 자기 목숨을 버리면 이보다 더 큰 사랑이 없나니(요한복음 15:13)

> 그가 우리를 위하여 목숨을 버리셨으니 우리가 이로써 사랑을 알고 우리도 형제들을 위하여 목숨을 버리는 것이 마땅하니라(요한일서 3:16)

내가 줄 수 있는 것

존 스타인벡의 「분노의 포도」

━━═◈◈═━━

세상은 언제나 가난한 사람들로 가득 차 있다. 인류 역사는 가난과의 투쟁이며 그 투쟁에서 승리한 자는 부를, 패한 자는 굶주림과 죽음을 면치 못한다. 가난에 시달리는 사람들을 주제로 한 스타인벡의 소설 「분노의 포도」는 우리에게 사람들이 피차 어디까지 서로 돕고 살 수 있는가 하는 문제를 생각하도록 강요한다.

우선 소설의 줄거리부터 검토해 보기로 하자. 때는 20세기 초, 어느 해 6월, 미국 오클라호마 주의 광활한 농장에는 옥수수와 목화가 무럭무럭 자라고 있었다. 그러나 갑자기 몰아닥친 태풍으로 모든 곡물과 목화가 뿌리 채 뽑혀버리고 농장에 매달려 살던 수많은 소작인들은 순식간에 생계가 막연해졌다. 뿐만 아니라 농업의 기계화로 인해 일거리마저 잃어버린 농민들은 저마다 살기 좋다는 곳을 향해 뿔뿔이 흩어졌다.

이들 가운데 톰 조오드 일가는 살기 좋은 곳으로 이름난 캘리포니아를 찾아 실의에 빠진 여행을 계속하고 있었다. 그들 중에 조오드 가의 딸 로자산 만은 그래도 장래에 대한 한 가닥 희망을 버리지 않고 임신한 몸으로 태아의 보호에 여념이 없다.

길고 지루한 여행을 하는 동안 조오드 가의 할아버지와 할머니가 죽고 맏아들 노아는 강줄기를 따라서 떠나 버린다. 목적지에 대한 불길한 소문으로 인해 전전긍긍하던 조오드는 마침내 목적지에 도착했다. 불길하던 소문은 그래도 사실보다는 좋은 것이었다. 그들은 주린 배를 움켜쥐고 일터를 찾아 헤매지 않으면 안 되었다. 그런 와중에 조오드 일가와 동행했던 젊은 목사 케시는 인간 영혼의 존엄성을 끊임없이 역설한다. 그런가 하면 조오드 가의 어머니는 절망에 빠져있는 사람들에게 "될 것이냐 안 될 것이냐"가 문제가 아니라, "할 것이냐 안 할 것이냐"가 문제라고 하면서 사람들을 격려한다.

젊은 목사 케시는 임금인상 투쟁을 벌인 죄목으로 감금되어 있다가 고용주 측의 폭력배들에게 매 맞아 죽는다. 그 참상을 목격한 조오드 가의 차남 톰은 타오르는 분노를 참을 수 없어 몽둥이로 폭력배 하나를 때려죽이고 쫓기는 몸이 된다. 남은 가족들은 인근에 있는 녹슨 화차 속에 기거하며 비참한 생활을 한다.

그 해 초가을, 사흘 동안 쉴 새 없이 내린 비로 인해 조오드 일가가 거처하던 화차는 침수의 위기를 맞았다. 설상가상으로 로자산은 오랜 진통 끝에 죽은 아이를 분만하였다. 그들은 곧 홍수를 피해서 화차에서 나와 언덕으로 기어 올라갔다. 마침 언덕 위에는 초라하긴 했으나 한 채의 오막살이가 있었다. 한 가닥 희망을 가지고 오막살이에 들어선 일행은 그곳에서 엿새를 굶은 후에 죽어가고 있는 한 남자를 발견했을 뿐이다. 굶기는 피차에 마찬가지였다.

바로 그 때 어머니와 의미 있는 눈짓을 교환한 로자산은 성큼 사내 앞으로 다가가 불어있는 자기의 젖을 그의 입에 물려준다. 그리고는 오랫동안 잊어버렸던 미소를 띄운다.

여기 문지기의 아들이 죽었다고 해서 울고 있는 아이가 있다.
그의 아버지는 아이에게, "문지기 아들이 죽은 게 너와 무슨
상관이 있어" 하고 소리친다. 그러나 그 아이는 울음을 그치
지 않았다.

프랑스의 지성(知性) 시몽·드·보봐르 여사의 저술 중의 한 구절이
다. 서로를 맺어주는 '관계'라는 것, 즉 상관이 있게 해주는 것은 눈물
이었다. 내가 누구를 위해 울 수 있다면, 만약 그랬다면, 나는 그와 관계
를 맺은 것이다. 만약에 누가 나를 위해서 눈물을 흘려주었다면 나는 그
와 더불어 이미 어떤 관계를 맺은 것이 된다. 문지기의 아들이 부인하더
라도 이미 그를 위한 눈물이 흘려진 이상 주인의 아들과 그와의 관계는
부인할 수 없다.

아무리 가난한 사람이라도 무엇인가 서로 주고받을 것은 가지고 있
다. 그것이 비록 금과 은이 아니라도 그보다 더 값진 무엇일 수도 있다.
굶주린 자는 배고픈 자에게, 배고픈 자는 굶주린 자에게, 서로가 서로
에게 줄 수 있는 것이 무엇일까? 로자산이 풍겨주는 인간애의 향기를
음미하며 마음의 포켓을 털어보기 바란다.

명예욕과 죽음

윌리엄 셰익스피어의 「맥베드」

꩜

인생이란 지나가는 그림자에 불과한 것

자기가 얻은 시간 동안은 장한 듯이 떠들지만

그것이 지나면 망각되는 가련한 배우일 뿐

인생이란 바보가 말하는 이야기

소리 높여 떠들지만 실상은 아무것도 아니다

    영국이 낳은 세계적 극작가 셰익스피어의 희곡 「맥베드」 5막 5장에 나오는 독백이다. 주인공 맥베드는 야심만만한 장군이었으나 왕이 되고 싶은 헛된 공명심에 사로잡힌 나머지 아내의 도움을 받아 왕을 살해하고 왕위를 찬탈한 인물이다. 그러나 그가 소원하던 왕위는 국민의 인정을 받지 못했고 그의 앞길에는 악재(惡材)만 겹치게 된다.

    던컨 왕의 죽음을 복수하기 위한 전열이 다듬어지고 왕의 살해를 교사한 그의 아내는 몽유병에 걸려서 밤이면 일어나 궁중을 돌아다니며 시종들이 지켜보는 가운데서 왕을 죽인 음모를 이야기하고 다닌다. 위의 독백은 멕베드가 전장에 있던 어느 날, 아내가 운명했다는 소식을 듣고 전선에서 분연히 일어나 부르짖은 독백이다.

이 지면에서 감히 세익스피어를 이야기 할 용기는 없다. 다만 그의 작품 가운데 나타난 인생의 희노애락과 헛된 명예욕을 되짚어 보고 싶을 뿐이다. 맥베드가 이처럼 자신의 인생을 허무하게 종결짓고도 그것을 당연한 계산서처럼 생각한 것은 혐오스러운 자신의 삶을 죽음이라는 휘장으로 감추려는 의도 때문이었던 것 같다.

그는 죽음을 마치 호텔에 투숙한 부유한 신사가 퇴실하면서 하는 계산, 즉 체크아웃처럼 당연한 것으로 생각했던 것 같다. 죽음이 비록 모든 사람에게 필연적이기는 하지만, 삶을 포기하거나 비리를 합리화시키는 수단으로 사용되어서는 안 될 것이다. 죽음은 만인이 직면해야 하는 명백한 한계이지만 사람들은 대부분 일상생활 가운데서 죽음이란 사실을 망각한 채 살고 있다. 그것은 아마 죽음이 결코 점잖은 대화의 제목이 되지 못하며, 또 그것을 생각한다고 해서 달라질 것이 없다고 생각하기 때문에 애써 외면하기 때문일 것이다.

톨스토이는 「이반 일리치의 죽음」에서 인간의 이런 점을 예리하게 묘사했다. 그는 소설에서 죽음을 객관화하려는 노력, 죽음을 하나의 성장과정 또는 수확이라고 합리화하는 견해, 혹은 그것을 일반적인 것으로 보편화하고 추상화하려는 견해 등등을 소개했다.

제 2차 세계 대전 중에 희생된 유대인의 숫자는 우리의 머리에 현기증을 일으킬 정도이다. 월남 전선에서, 혹은 동파키스탄의 어느 계곡에서, 혹은 먼 나라의 어느 산야에서 죽어간 수많은 죽음의 통계숫자는 우리로 하여금 그것은 나와 상관없는 객관적인 것으로 생각하게끔 한다.

사람은 존재의 내부에서, 삶의 과정을 통해 죽음을 키우다가 결국은 그것에 의해서 스스로 죽임 당하는 것이다. 만인이 다 죽는다면 그것은 만인이 다 자신의 생활 속에서 죽음을 키우고 있기 때문일 것이다. 훌륭한 인생, 헌신적인 삶을 산 사람은 보람 있는 죽음, 영광스러운 종말을 맞을 것이나 이기적인 삶, 자신을 위한 야망에 빠져서 그것을 키운 사람은 그것에 의해 부끄러운 죽음을 맞게 될 것이다.

우리는 각각 우리의 주머니 속에, 핸드백 속에, 금고 안에, 또는 마음속에 죽음이라는 동물을 기르고 있다. 오늘 저녁 나는 무슨 음식으로 이 거북한 나의 동물의 공복을 채워 줄 것인가? "육신의 정욕, 안목의 정욕, 이 생의 자랑" 이 삶의 의미를 바꾸게 해서는 안 되겠다.

> 이는 세상에 있는 모든 것이 육신의 정욕과 안목의 정욕과 이생의 자랑이니 다 아버지께로부터 온 것이 아니요 세상으로부터 온 것이라 이 세상도, 그 정욕도 지나가되 오직 하나님의 뜻을 행하는 자는 영원히 거하느니라 (요일 2:16~17)

사랑과 진실

앙드레 지이드의 「전원 교향악」

❈

얼마 전에 「고민의 정복」이란 책을 한 권 사 본 일이 있다. 그때 나는 내게 닥쳐온 외적인 문제점과 어려움보다는 오히려 내면적으로 나의 지각의 깊은 곳에서 번져오는 희미하면서도 확고한, 그 어떤 문제에 사로잡혀 고민하고 있었다. 나는 카네기가 저술한 이 책에 얼마쯤 내 문제와 관련된 해답이 있으리라고 생각했다. 그러나 그의 저서는 내가 생각하는 깊은 인생의 고뇌와는 상관없는 자질구레한 일상사에 대한 것이었다. 그 무렵 나는 문득 소년시절에 앙드레 지이드를 통해 발견한 친구들을 연상하며 그들의 삶의 발자취를 내 머리 속에 그리곤 했다.

지이드는 1869년 파리대학 법학 교수의 아들로 출생하여 1951년 '위대한 작가'라는 명예와 추앙을 받으며 파리에서 영면한 작가이다. 그는 수많은 그의 친구들 - 그의 작품 속의 인물들 - 가운데서 「좁은 문」의 알리사와 「전원 교향악」의 눈먼 소녀 제르뜨뤼드를 가장 사랑했던 것 같다. 1919년에 발표된 이 일기체 소설의 주인공인 이름 없는 목사는 지이드가 가장 미워한 자기 자신의 분신인 것처럼 보였다.

어느 날 주인공 개신교의 목사는 눈먼 소녀 하나를 집으로 데려 와서 온갖 어려움을 견디면서 소녀를 교육시킨다. 소녀의 나이는 열 대 여섯, 이름은 제르뜨뤼드, 일가도 친척도 없는 혈혈단신이었다. 목사는 제르뜨뤼드의 발전과 성숙에 보람을 느끼며 그녀를 통해서 따뜻한 인간애와 생활의 기쁨을 발견하게 된다. 목사는 그녀를 데리고 산책도 하고 베토벤의 「전원 교향곡」도 들려준다. 그러는 사이에 제르뜨뤼드의 존재는 목사의 마음 깊은 곳으로 파고들어 목사에게 생애 최초의 고뇌를 안겨준다. 그러나 목사는 제르뜨뤼드를 사랑하는 자기의 감정이 너무나 순결한 것이기 때문에 결코 죄악일 수 없다고 스스로 다짐한다.

어느 날 목사는 친구인 의사 마르땅에게 제르뜨뤼드의 눈을 수술 받게 했고 마침내 그녀는 광명한 세계를 볼 수 있게 되었다. 그러나 눈을 뜬 제르뜨뤼드는 행복하지 못했다. 그녀는 지금까지 자기가 상상하고 연모해 온 얼굴이 목사가 아닌 목사의 아들 자끄였음을 발견하게 된 것이다. 눈을 뜬 후 아버지인 목사와 그의 아들 자끄 사이에서 고민하던 제르뜨뤼드는 퇴원하여 집으로 돌아오는 중에 강물에 뛰어들어 죽고 만다. 그리고 아버지의 양심과 신앙에 반항한 자끄는 가톨릭으로 개종하여 신부(神父)가 되기 위해 집을 떠난다.

인생의 후반기에서 만난 한 어리고 순진한 소녀를 앞에 두고 지금까지 자기가 살아온 생애 전체를 다시 숙고하고 그 모든 것이 뿌리에서부터 허물어지는 것을 목격하며 잠 못 이루었을 이 목사의 수많은 밤들을 생각해 보라. 그의 고뇌와 방황이 얼마나 절실하였을까?

프란츠 카프카는 이렇게 말했다: "우리에게는 길이 없습니다. 우리들이 길이라고 부르는 것들은 방황일 따름입니다." 길이 있으되 길 아닌 곳을 방황하는 이들에게는 길이 없을 것이다. 오늘 우리가 '참'이라고 생각하는 것이 내일 '거짓'으로 나타날 지도 모른다. 근세철학의 대

가 데카르트는 이렇게 말했다:

"나는 젊은 시절에 얼마나 많이 틀린 것을 참된 것으로 인정
하였던가? 또한 그것을 토대로 해서 그 후 내가 그 위에 세운
것이 얼마나 의심스러운 것인가! 그리고 모든 학문에 있어서
내가 어떤 확고부동한 것을 확립하려면, 나의 일생 동안에 한
번은 모든 것을 뿌리 채 무너뜨리고, 최초의 토대로부터 새로
이 시작하지 않으면 안 될 것이다."

그렇다면, 우리도 인생의 어느 시점에서는 이 문제를 생각하
며 고뇌의 밤도 불사해야 하지 않을까. 제르뜨뤼드의 아름다
움과 청순함, 자끄의 청년다운 기개와 과감한 결단력, 아멜리
의 현숙하고 과묵한 성품, 그리고 목사의 자애와 깊은 신앙심.
이 모든 것들은 참되게 살려는 사람들의 소망일 것이며, 동시
에 우리 모두가 가지고 싶은 것들이기도 하다. 그러나 왜 그들
은 서로가 서로를 불행하게 했을까?

이것은 책을 읽으며, 또 생각하며 사는 우리들이 풀어야 할 영
원한 수수께끼이다. 진리는 변하지 않되 진리를 이해하는 인
간의 가치관은 변한다. 자기 인생의 가치관을 가능한 한 일찍
세워두어야 한다는 것은 아침에 일어나 이를 닦는 일보다
'더 급한 일'일 것이다.

깨어 있으라

워싱턴 어빙의 「스케치북」 중 "립 벤 윙클"에서

❧

낯선 지방을 방문하고 미지의 땅을 여행하며 모험과 낭만을 찾기 싫어하는 사람은 아무도 없을 것이다. 초가을의 저녁 무렵이나 혹은 비가 뿌리는 늦은 가을의 어느 날, 계절이 지난 한산한 관광지의 여인숙을 찾아들어 홀로 명상의 밤을 새우는 것도 도시인들이 바라는 조그만 낭만의 하나일 것이다. 한 시대 세계 문학사를 빛낸 19세기 미국의 작가 '워싱턴 어빙' 만큼 여행을 즐긴 사람은 일찍이 없었던 것 같다.

그의 단편집 「스케치북」에는 "립 벤 윙클" 이야기가 있다. 개척기, 미국의 심장부를 흐르는 허드슨 강 줄기를 따라 올라가면 한 폭의 그림과도 같이 수려한 캣스킬의 여러 산들이 구름 속에 묻혀 있다. 이 산중에는 네덜란드에서 이민해 온 사람들이 사는 조그마한 부락들이 있다. 립 벤 윙클은 바로 이런 부락들 중의 한 곳에서 농사도 짓고 사냥도 하며 살던 평범한 촌부였다. 립은 우유부단하고 게을렀지만 순진한 사람이었다. 그는 하루하루 심해가는 아내의 잔소리에 못 이겨 긴 사냥총을 둘러메고 '울프' 라는 개 한 마리를 동반하여 매일같이 캣스킬 산으로 사냥을 간다.

어느 맑은 가을 날, 립은 자기도 모르게 캣스킬의 수많은 산들 중에서 가장 높은 봉우리를 오르고 있었다. 얼마만큼이나 올라갔을까? 립은 정신을 가다듬고 돌아갈 일을 생각했다. 해는 이미 서산에 뉘였거리고 돌아갈 길은 까마득하지 않은가? 그가 급히 서둘러 발길을 돌리려 할 즈음 어디선가 "립 벤 윙클" 하고 부르는 소리가 들렸다. 깜짝 놀란 립이 돌아다보니 저 만큼 떨어진 바위 뒤에서 선원 차림의 한 노인이 그에게 오라고 손짓을 하고 있었다.

립은 산 중에서 길을 잃은 사람이 자기에게 도움을 청하는 것이라고 생각하고 곧 그리로 달려갔다. 노인은 립에게 가까이 와서 통을 좀 들어달라는 시늉을 하였다. 립이 통을 들고 얼마쯤 노인을 따라 가니 넓은 잔디밭이 나타나고, 그 위에는 선원 차림의 청년들이 공을 차고 있었는데 그 소리가 마치 우렛소리와 같이 들렸다.

립은 노인의 지시에 따라 통 속의 술을 잔에 부어 선원들에게 나누어주고 그들이 보지 않는 틈을 타서 자기도 몇 잔 마셨다. 그리고는 너무나 피곤하여 깜박 잠이 들고 말았다. 시간이 얼마나 흘렀을까, 립이 눈을 떴다. 그의 눈에는 아침 햇살이 눈부시게 빛났다. 그는 술을 훔쳐 마시고 하룻밤을 산에서 잔 것으로 생각하고 함께 온 개를 찾았다. 그러나 아무 데서도 울프의 흔적은 찾을 수 없었다. 어제 아침 집에서 나올 때 깨끗이 기름칠을 한 총신(銃身)에는 푸른 녹이 겹겹이 슬어 있고 턱에는 수염이 길게 자라 있었다.

결과부터 말하자면, 립은 산에서 20년을 자고 난 후에 깨어났던 것이다. 그가 마을에 내려가서 집을 찾았으나 아내와 친구들은 오래 전에 죽어 없어졌고 세상은 완전히 뒤바뀌어 있었다.

일찍이 공자는, "선비가 사흘 동안 서로 만나지 않았으면 상대의 실력을 전과 같이 생각해서는 안 된다"고 말했다. 이는 사흘이면 크게 변(발전)할 수 있다는 말일 것이다. 이와는 반대로, 20년 동안이나 세상에서 떨어져 나가 잠에 빠졌던 사람이고 보면 쓸모없는 노인이 되었을 것은 너무나 분명한 이야기이다.

그는 자기를 몰라보고 손가락질하는 사람들 앞에 서서 호소했다:

> "나는 내가 아닙니다. 아마 다른 사람인가 봅니다. 어젯밤은
> 나도 나였는데 산에서 잠이 들었어요. 그놈들이 내 총을 바꿔
> 가고 모든 게 달라졌어요. 내 이름이 무엇인지 내가 누구인지
> 도대체 무엇이 무엇인지 모르겠습니다."

그의 말은 허황하여 사람들의 웃음만 자아낼 뿐이었다.

발전하는 세계에서의 '정지'란 무서운 속도로 퇴보하는 것을 의미한다. 자기 인생에 대한 분명한 목표와 신념을 가진 사람은 이 점을 염려할 필요가 없겠으나, 그것이 없는 사람은 가끔 다리를 꼬집어 '내가 나인 것'과 '내가 하는 일'을 확인해 보아야 할 것이다. 현대의 립 벤 윙클! 생각만 해도 소름끼치는 일이다. 잠자는 성자보다는 깨어 있는 농부가 귀한 존재일 것이다.

희망을 가진 벌레

프란츠 카프카의 「변신(變身)」

"어느 날 아침, 그레고르가 불안한 꿈에서 깨어났을 때, 그는 자기가 침대 속에서 한 마리의 커다란 벌레로 변한 것을 발견했다." 이것이 이 소설의 서두이다. 미혼 청년 그레고르 잠자는 어느 제품회사의 유능한 외무사원이다. 그는 자기 수입으로 늙은 부모를 모시고 여동생의 학비를 대며 궁색하지 않게 한 가정을 꾸려가고 있었다. 또한 그는 아버지가 진 빚까지 갚아 나가고 있었다. 그는 이 가정의 희망이요 주인이었다.

그러던 어느 날 아침에 그는 자기가 침대 안에서 한 마리의 흉칙한 벌레로 변한 것을 발견했다. 그런데 그레고르는 몸만 변했을 뿐 그의 정신과 의지는 더욱 분명해져 가고 있었다. 본래의 상태로 돌아오려는 온갖 노력에도 불구하고 그의 사지는 하루하루 벌레의 습관에 익숙해져 갔다.

그는 점점 거칠어져 가는 여동생 그레테의 태도에 실망을 느낀다. 그는 부모가 자기 몰래 얼마의 돈을 저축해 두었다는 새로운 사실과 잘 걷지도 못하던 아버지가 원기 왕성하게 다시 직장 생활을 시작했다는 사실을 알고 난 후, 그동안 자기가 가족들에게 기만당했다는 좌절감에 빠진다.

66

자기가 없이는 단 한 달도 살 수 없을 것 같던 가족들은 저마다 비장해 두었던 돈과 여분의 정력을 가지고 있었다. 습기 찬 골방에 갇혀서 그레테가 넣어주는 맛없는 음식에나 입을 대보고, 온 종일 수많은 발들을 움직여 좁은 방안을 헤매는 그레고르, 모든 희망이 끊겨진 그는 이제 한낱 더럽고 창피스런 집안의 추물에 불과했다. 그레고르는 죽기를 결심하고 단식에 들어간다. 마침내 그가 죽던 날, 식구들은 오히려 기뻐하며 그 동안 더럽혀진 집안을 청소하고 늙은 가정부를 시켜 그레고르의 시체를 치우게 한다.

불쌍한 그레고르 잠자, 그는 왜 벌레가 되었을까? 그리고 카프카가 말하는 벌레란 무엇을 의미하는 것일까?

저자가 20세 되던 1906년에 발표한 단편 「시골의 혼례 준비」에는 라반이라는 청년이 등장한다. 그는 번거롭고 귀찮은 결혼식 준비를 위해 역으로 달려가다가 문득 이상한 생각에 빠져버린다. "나는 침대에 파묻힌 채 내 육체만을 내보내면 안 될까 … 내 육체는 내 대신 만사를 실패 없이 해주리라. 그 때 침대에서 자고 있는 나는 커다란 딱정벌레나 풍뎅이 모양을 하고 있으리라…."

9년 전의 라반이 그레고르로 발전한 것이란 말인가? 권태로운 도시 생활을 하다 보면 미지의 세계를 향해 돛을 올리고 떠난다든가, 혹은 율리시즈처럼 끝없는 모험의 장도에 오르고 싶을 때가 종종 있다. 잠시나마 현실을 잊고 현실에서 떠나 보고 싶지 않은 사람은 아무도 없을 것이다.

카프카에 의하면 개인이란 문명이라는 거대한 기구 속에 끼인, 있어도 좋고 없어도 좋은 하나의 부속품에 불과하다. 그레고르 잠자의 삶에서 보는 바와 같이 인간은 현실을 도피할 수도 없고, 또 그 한 부분이 될 수도 없다. 저자의 장편 「성(城)」에서는, 어떤 건축기사가 축성공사를 위해 성에 초청을 받는다. 그는 곧 출발했으나 성안에 들어가지는 못한다. 그는 수 년 동안 성 주변을 돌며 입성할 틈을 엿보았으나 결국 실패하고 만다.

괴테가 살던 시대처럼 개인이 사회 속에서 조화를 이루며 자신의 내면을 형성할 수 있는 환경은 이미 오래 전에 사라졌다. 조화와 도피, 이 양자가 불가능한 상황 아래 사는 인간은, 전자(前者)의 좌절에서 부조리와 고독을, 그리고 후자(後者)의 불가능에서 불안을 얻을 수밖에 없다. 그러나 절망하기에는 아직 이르다. 인간이 비록 문명 사회 속에서 한 마리의 벌레에 불과하다 할지라도 희망을 가진 벌레는 시련을 극복할 용기도 가졌을 것이다.

내 옆구리와 배에 수많은 작은 발들이 솟아나기 전에, 내 등에 딱딱한 파충류의 외피가 씌워지기 전에, 사람들이 나를 보고 눈살을 찌푸리고 돌아서기 전에, 희망을 가져야 한다. 아직 좌절과 절망 속에 사는 이들은 아침에 눈을 뜨면 일어나기 전에 혹 밤사이 내가 벌레로 변하지나 않았나, 눈을 크게 뜨고 살펴야 할 것이다.

자연으로 돌아가라

J. J. 루소의 「고독한 산책자의 몽상」에서

＊＊＊

　연약한 어깨로 자기 집을 지고 살아야 하는 달팽이는 얼마나 괴로울까? 높은 나뭇가지 위에 집을 짓고 언제나 흔들리며 살아야 하는 까치의 삶은 얼마나 불안할까? 작은 몸과 충혈된 눈동자를 굴리며 일생을 공포와 쫓김 속에서 보내야 하는 토끼의 나날은 얼마나 지리하고 무서울까?

　언제나 주머니가 비어 있는 사람이나 일정한 직업이 없는 사람, 불치의 병을 가지고 살아야 하는 사람, 또는 언제나 그 무엇에 쫓기며 사는 사람들은 무엇을 바라며 세상을 사는 것일까?

　걱정할 필요가 없는 것은, 하잘 것 없는 미생물에서부터 인간에 이르기까지 모든 생물은 다 자기 나름대로 삶의 이유와 목적을 가지고 있다. 친구와 친척을 찾아다니며 손을 벌리는 사람들에게도 생활의 기쁨은 있다. 우연히 길에서 만난 옛 친구에게서 예기치 못했던 돈을 듬뿍 받아들고 길가에 늘어선 포장마차의 때 묻은 커튼을 힘차게 들치고 들어가 독한 막소주 몇 잔을 마시고는, 친구의 고마움과 자신의 처지를 생각하며 찔끔 찔끔 눈물을 흘리는 친구도 보았다. 이런 광경은 우리나라가 가난에 찌들어 살던 5,60년대에 흔히 볼 수 있었던 광경이었다.

지위의 높고 낮음과 노소를 막론하고 지식인들은 산책을 즐긴다. 아마 모든 사람이 언제, 어디서나 쉽게 찾을 수 있는 즐거움이 산책과 명상일 것이다. 산책은 지성을 갖춘 사람만이 입문할 수 있는 고상한 취미이다.

　　필자는 마음속에 끓어오르는 분노와 허탈감, 해결하지 못한 문제점들을 안고, 홀로 목적 없이 거리를 방황하거나 혹은 겨울 바닷가를 서성거리면서 내 인생의 반려자로서 장 자크 루소를 생각한 일이 있었다.

　　루소는 1712년 쥬네브에서 가난한 시계공의 아들로 태어났다. 그는 그의 생애를 통하여 「사회계약론」, 「에밀」, 「고독한 산책자의 몽상」 등을 포함하여 56편의 걸작을 남겼다. 특히 그 중에서 「고독한 산책자의 몽상」은 그의 최후의 걸작이라는 데 의의가 없다.

　　그는 전 10장으로 이루어진 수필 형식의 이 저서에서 인생의 종말을 맞고 있는 자신의 내면을 적나라하게 묘사하고 있다. 그 당시 루소는 그의 저서 「에밀」이 파리의 고등재판소에서 금서로 판명되어 이리저리 쫓기는 망명객의 몸이 되어 있었다. 그는 이 책에서 자신의 입장을 변호하고, 자기는 모든 투쟁에서 물러나서 주어진 운명을 따르겠다는 입장을 천명하고 있다.

　　러시아의 문호 톨스토이는, "고독할 때 인간은 참다운 자신을 느낀다"고 말했으며, 로마의 황제이자 철인이었던 마커스 오렐리어스는, "만일 고난이 와서 그대를 괴롭히면 그대는 항상 이렇게 생각하라. 이것은 불행이 아니다. 이를 참고 견디면 오히려 행복이 될 것이다"고 말했다. 루소는 고독과 고난 가운데서도 결코 절망하지 않고 자기 자신에게 주어진 여건을 최대한으로 이용하였다. 그는 고독 가운데서 참다운 자신을 발견했고 고난 중에 신의 섭리에 순종해야 한다는 자세를 굳혔다.

루소는 인생 말년에 자신의 세계관을 확립하였으니 그것이 곧 그의 귀납적 철학이었다. 그는 인간의 본성이 비록 선하다고 할지라도 사회가 인간을 부패시키기 때문에 그 부패에서 벗어나려면 가능한 한 인간 사회에서 멀리 떠나야 한다고 주장했다. 그래서 그는 "자연으로 돌아가자"고 소리 높여 부르짖었던 것이다.

그의 이 부르짖음은 사람이 인간 세상을 완전히 등지고 자연 속에서만 살아야 한다는 의미가 아니라, 자연을 통해서 더럽혀진 정신을 정화하고 인간 본연의 모습을 다시 찾자는 의미라고 해석하고 싶다.

이런 의미에서 루소는 임어당과 소로우의 자연주의와 비교될 수 있을 것이다. 세상이 각박하면 각박할수록 우리는 삶의 여유를 가져야 한다. 각자가 자기의 생활 속에서 자기에게 어울리는 '삶의 여유'를 찾아 누린다는 것, 어떤 의미에서는 이것이 곧 삶 그 자체일 것이다. 루소의 말처럼 진정 자연은 여유와 '어울림'의 보고이다.

삶의 우물

쌩 떽쥐뻬리의 「어린 왕자」

20세기에 가장 많이 읽혀진 책 중 하나가 프랑스의 조종사 작가 쌩 떽쥐뻬리의 단편 「어린 왕자」이다. 이 책은 제2차 세계대전이 치열하던 1943년, 미국에서 발표된 것으로, 작은 일에는 이기적인 것처럼 보이나 큰일에는 생명도 아끼지 않는 용기 있는 젊은이들에게 꿈과 선의의 동기를 주기에 충분한 동화이다.

내가(저자)가 조종하던 우편물 배달 소형 비행기가 사하라 사막 상공에서 고장을 일으키고 사막에 불시착하게 된다. 기체 수리에 정신이 팔린 저자의 귀에 난데없이, "양 한 마리만 그려 줘요" 하는 앳된 소년의 음성이 들린다. 깜짝 놀라 쳐다보는 조종사 앞에는 대여섯 살 쯤 되어 보이는 이상한 차림의 소년 하나가 서 있다. 조종사는 비행기 수리를 멈추고 양을 세 마리나 그렸으나 모두 퇴짜를 맞았다. 조종사는 궁리 끝에 궤짝을 하나 그려주고 그 안에 양이 들어 있다고 하여 소년을 달랜다.

소년은 소혹성 B612호라는 별에서 왔다. 그 별은 방 한 칸 너비 밖에 안 되는 작은 것으로서 주민은 소년과 양 한 마리와 장미꽃 한 송이 뿐이다. 소년은 이 별의 유일한 시민이요, (어린)왕자이다. 소년은 사화산의 분화구를 의자 삼고 앉아서 하루에 마흔세 번씩이나 해지는 모습을 감상하다가 이동하는 철새를 교통수단으로 우주 여행길에 나섰다.

왕자는 여섯 개의 별을 거쳐 일곱 번째로 지구의 사하라 사막에 도착한 것이다. 왕자는 처음 네 개의 별에서 권력욕에 가득 찬 왕, 허영심에 부풀어 있는 남자, 술 마시는 것이 부끄러워 그것을 잊으려고 매일 술을 마시는 주정꾼과 마지막으로 욕심 많은 상인을 만난다. 싸르트르의 표현을 빌리면 이런 사람들은 '나쁜 신앙을 가진 개새끼들이다.' 그들은 인생의 목표가 정해지는 순간에 이미 그들의 인생을 잃어버린 사람들이다.

어린 왕자는 다섯 번째 별인 지구에 도착해서 어느 집 정원에 들어갔다가 여우를 만났고, 여우는 왕자에게 자기를 길들여 달라고 부탁한다. 여우는 "길들인다는 것은 관계를 맺는다는 것이며 사람은 자기가 길들인 것 밖에는 알지 못한다"고 말한다.

사람이 서로 길들여지면 때로 서로를 위해 눈물을 흘리게 된다. 생의 진지한 문제는 눈물을 등질 수 없다. 보봐르 여사는, "눈물이 그 모든 것을 결정한다"고 말했다. 그러나 미래에 대한 환상과 동심을 잃어버린 어른들에게서는 눈물을 기대할 수 없을 것이다.

어린 왕자는 "나"인 조종사와 이야기 하면서, "사막이 아름다운 것은 어디엔가 우물이 있기 때문"이라고 말했다. 우리의 삶의 우물은 아마 우리가 길들인 그 무엇일 것이다. 현대를 살아가는 사람이면 누구나 다 현실의 메마름과 각박함을 느낄 것이다. 평론가 김현은, "현실이 메마른 것은 정확성과 논리성 때문"이라고 말했으나 진정한 이유는 꿈과 연민과 눈물이 메말랐기 때문일 것이다.

소리 없이 눈이 내려 쌓이는 깊은 겨울 밤, 깜박이는 호롱불을 밝히고 질그릇 화로에 밤을 묻어 놓고 소나무 숲을 지나가는 바람소리와 "캥-캥" 하며 우는 새끼 여우의 귀에 익은 울음소리를 들으며, 마을 아주머니의 무서운 이야기에 귀를 기울이던 우리들의 동심. 그것은 누구의 것이 아니라 바로 우리들 자신의 소박한 추억이다. 이 세상의 그 무엇도 우리의 동심의 꿈과 추억을 앗아갈 수는 없을 것이다. 낭만주의의 거장 워즈워드는, "어린이는 어른의 아버지"라고 말했다. 이 말은, 오늘의 어린이가 내일에는 아버지가 되며, 그들은 다 같이 마음 깊은 곳에 동심 속의 꿈과 추억을 간직하고 있다는 말일 것이다.

가여운 왕자는 멀고 신기한 여행 끝에 장미꽃과 양이 기다리고 있는 자기별로 다시 돌아갔다. 그러나 저자에게는 큰 걱정거리가 하나 생기고 말았다. 저자가 왕자에게 양을 그려 줄 때 그만 고삐 그리는 것을 잊어버렸기 때문에 고삐 없는 양이 어린 왕자의 장미꽃을 먹어 버리지나 않을까 염려한다. 저자는 이렇게 말한다:

"이것은 정말 수수께끼다. 역시 어린 왕자를 사랑하는 여러분이나 나나 우리가 알지 못하는 양이 장미꽃을 먹었는가 안 먹었는가에 따라 세상이 온통 달라지게 된다. 하늘을 보라. 그리고 물어 보라. 양이 꽃을 먹었을까, 안 먹었을까? 라고."

장미꽃은 불쌍한 어린 왕자의 우물이며 삶의 의미이다. 그의 별이 어떻게 되었을까? 그보다 우리는 어떤 우물을 가지고 있는가? 꿈이 없으면 그것을 잃어버릴 염려도 없어지는 것이니 우물이 없어도 괜찮다고 생각할 것인가? 그럴 수 없는 것은 삶의 오아시스를 가지지 않은 사람은 삶의 아름다움도 가질 수 없기 때문이다.

여유로운 삶에 대하여

임어당의 「생활의 발견」에서

❦

필자가 대학에 다니면서 존경했던 교수 중 한 분은 전북대학교 영문학과에서 출강하시던 이은환 선생님이었다. 그분은 영문학 교수로서 필자가 다니던 대학에 출강해서 영국 소설사와 영시 등 서너 과목을 강의했으며, 나는 그 선생님이 개설한 세 개의 과목을 모두 수강했다. 나는 그분의 강의도 좋았지만 강의 틈틈이 말씀해주시는, 강의와는 상관 없어 보이는 이야기에 매료되었다.

한 번은 강의가 끝난 후에 친구와 함께 버스를 타러 가다가 길에서 선생님을 만나게 되었다. 우리는 날씨가 너무 덥고, 이따금씩 오는 시내버스는 멀리 와동 쪽 굴다리를 나올 때부터 잘 보이기 때문에 철둑을 건너지 않고 과수원 기슭의 아카시아 그늘에서 버스를 기다리기로 했다. 선생님은 외국시를 우리말로 옮기는 문제에 대하여 이야기를 나누다가, 문득 내게 임어당의 책을 읽은 적이 있느냐고 물으셨다. 나는 비교적 책을 많이 읽는 편이었지만 그 때까지 임어당의 책은 읽지 못했다. 선생님은 "「생활의 발견」을 한 권 사보지 그래" 하고 말씀하셨다.

이튿날 나는 도서관에서 임어당의 저서로는 유일하게 번역된 「생활의 발견」이라는 낡은 책 한 권을 발견했다. 잠시 쉬는 시간에 여기저기를 뒤적거리다가 문득 "한가론"(閑暇論)을 읽고 나는 나도 모르게 "아" 하고 탄성을 질렀다. 나는 그 대목에서 선생님께서 내게 임어당을 물어 보신 이유를 어렴풋이나마 알 수 있었다. 버스 길에서 선생님을 만난 바로 그 날, 우리는 영국 수필 시간에 프리슬리(J. B. Priestly)의 "아무것도 하지 않는 것에 대하여"(On doing nothing)이란 수필을 읽었다.

신문기자 프리슬리는 토요일 아침에 화가 친구와 함께 황무지의 야산에 올라가서 온 세상이 정신없이 바쁘게 돌아가는 동안 바람소리와 새소리를 듣고 석양을 바라보며 완전한 무위(無爲)의 하루를 보낸다는 내용이었다. 임어당은 그의 '한가론'에서 이렇게 말한다:

> 세상에 한가만큼 즐거운 것은 없다. 한가라고 해도 그저 아무
> 것도 하는 것이 없이 세상을 보낸다는 의미는 아니다. 한가는
> 사람에게 글을 읽게 하며 명승고적으로 여행을 하게하며 좋
> 은 친구를 사귀게 하며 … 세상에 이 보다 더 기쁜 일이 있겠
> 는가?

그는 또 그의 "와상론"(臥床論)에서, "발가락이 해방되어 있을 때에만 두뇌는 해방되고, 두뇌가 해방되어 있을 때에만 참된 사고를 할 수 있다"고 말했다. 그의 글은 사물에 대한 날카로운 직관력과 중국인들이 가진 밑지 않은 과장법이 조화되어 읽을수록 깊이와 묘미가 더했다.

그 후 나는 독서에 대한 이야기가 나올 때마다 상대방에게 임어당의 책을 읽었는지 물어 보는 습관이 생겼다. 그의 책을 읽지 않았다는 대답을 들을 경우, 나는 더 이상 손해 보는 거래를 하고 싶지 않아진다. 선생

님은 대학에서 은퇴하셨다는데 금년 여름 쯤 찾아뵙고 "이제 임어당을 읽었습니다" 하고 다음 말씀을 기다려야 할 것 같다.

생각하는 사람

알베르 까뮈의 「에세이」에서

⚜

뻬레그레노스는 세상만사를 비웃던 소위 견유학파(犬儒學派)에 속한 그리스 철학자였다. 그는 올림픽 경기가 벌어지고 있는 경기장 성화대 옆에 서서 그리스 시민들에게 하루 속히 육체를 쳐서(죽여) 영혼에게 자유를 주라는 교훈을 외치고 있었다. 그는 육체를 포함한 물질은 악하고 영혼(정신)은 선하다고 주장하는 신 플라톤주의의 영향을 받은 당대의 위대한 철학자로서, 인간의 영혼이 사소한 잘못 때문에 저속한 육체라는 감옥에 갇혀 있다는 사상을 가지고 있었다.

그는 하루 속히 육체라는 감옥으로부터 영혼을 해방시켜야 한다는 자기의 주장을 외친 후에 스스로 그 시범을 보여주겠다고 말했다. 그는 자기가 만약 성화대 쪽으로 발걸음을 떼 놓으면 함께 온 제자들과 그의 가르침을 사모하는 아덴 시민들이 우루루 달려들어서 만류할 것이라고 믿고 성화대 쪽으로 걸어갔다. 그러나 그가 불길 앞에까지 가서 뒤를 돌아보았지만 아무도 만류하는 이가 없어 결국 불에 타 죽은 철학자이다. 그의 가설이 잘못되었던 것이다.

어느 날 세계를 지배하는 영(靈)이 인간을 향해 말했다. "여기 네가 애써 일할 과업이 있다. 네가 거기서 정력을 기울이는 것이 곧 「네가」존재하는 것이 된다."

인간이 대답했다. "그런데 나는 대체 생존에서 무엇을 얻고 있습니까? 애써 살려고 하면 궁핍에 시달리고, 애쓰지 않으면 권태에 사로잡힙니다. 당신은 어찌하여 나에게 이런 고역과 번뇌를 안겨 주면서 이런 보잘 것 없는 보수를 주십니까?"

세상 사람들이 다 그런 것은 아니겠지만 많은 사람들이 일시적이나마 이와 같은 쇼펜하우어의 대화를 마음 한 구석에 품고 있을 것이다. 사람은 아무도 행복과 불행, 만족과 불만, 그리고 낙천적 요인과 비관적 요소를 분명히 구분 할 수 없다. 그러면서도 사람은 순간순간 호수를 지나가는 배 밑을 왕래하는 고기떼들처럼 그 경계를 분주하게 왕래하며 살아간다.

우리는 그리스 사람과 동양인의 사고방식에는 분명한 차이가 있음을 발견하게 된다. 그리스인은 인생의 목적을 행복한 삶에 두었으나 동양인은 삶의 목적을 생존으로부터의 탈피에 두었다. 그 예로써 그리스인의 석관(石棺)에는 출생과 결혼에 대한 아름다운 문구가 새겨져 있으나 동양인의 영구(靈柩)에는 비애의 상징인 검은 커튼이 드리워지고 백색의 조화(造花)가 장식되어 있다. 그들은 각각 다른 방법으로 인생을 이해하고 다른 방법으로 안위를 추구하였던 것이다.

그러나 사람들 중에는 자기의 행복과 불행, 만족과 불만을 거의 표시하지 않는 이들도 있다. 어느 날 햄릿이 친구 호레이쇼에게, "자네는 모든 괴로움을 다 당하고 있으면서도 아무런 괴로움도 모르는 것 같네" 하고 말한다. 이런 사람들은 대개 주위에 있는 다른 사람의 불행은 깊이 이해하면서도 자신의 불행은 잘 참아내는 사람이다. 쇼펜하우어는, "정의와 박애는 반드시 타인 속에서 자기를 재인식하는 데서 생긴다"고 말했다. 즉 타인의 입장과 환경을 자기의 것처럼 생각할 때 비로소 정의감과 박애정신이 생긴다는 의미이다.

그러나 이러한 결론에는 자칫하면 뻬레그레노스의 헛된 시위와도 같은 위선을 조작해 낼 위험성이 따른다. 사실, 생각한다는 것처럼 꼭 필요하면서도 위험한 것은 없다. 어떤 부동산 관리인이 자살했다는 소문이 들렸다. 그래서 문의자는 그의 사인을 물었다.

"그 사람은 5년 전에 딸을 잃고 사람이 많이 달라졌지요." 이것이 사인의 전부였다. 까뮈는 '달라졌다'는 말은 곧 생각하기 시작했다는 말이며, 생각하기 시작했다는 말은 곧 침식당한다는 의미라고 말했다. 그가 죽은 이유를 설명하는 말로서 이보다 더 정확한 말은 없을 것이다.

무엇인가를 깊이 생각하는 사람은 반드시 자기 생존의 어떤 부분에 대한 침식을 각오해야 한다. 우리는 이것을 각오하고라도 좀 생각해 보기로 하자. 나는 어떤 방법으로 행복을 추구하는가? 나는 무엇을 기대하며 살고 있는가?

곰곰이 생각해 보면 신앙인이 된다는 것은 바로 이 한 가지 사실을 더 생각하는 사람이 된다는 의미와도 같다. 사람은 그 생각의 결과로 무엇인가를 침식당해야 하며, 남이 알든 모르든 변화되고 있다. 이것은 비단 종교인뿐 아니라 모든 사람에게 꼭 같이 적용되는 말일 것이다. 인생을 살되 가설에 기초해서 살아서는 안 될 것이다. 그 무엇인가에 신념을 두고 자신 있는 발걸음을 내딛어야 자신의 삶을 살 수 있을 것이다.

까뮈의 글들이 우리에게 믿음을 주는 것은 아니지만 그의 글들은 끊

임없이 우리에게 삶의 의미에 대한 질문을 던진다. 성실하게 그 질문의
답을 찾다보면 마침내 그것을 발견하게 될 것이다.

방황과 고뇌의 청춘

헤르만 헤세의 「데미안」

✳

나는 가끔 사람의 몸은 우리의 영혼이 잠시 들어가 사는 셋집과 같을 것이라고 생각한다. 영혼은 육체라는 집에서 일정 기간 살다가 계약이 만료되면 미련 없이 그곳을 떠나야 한다. 사람이 사는 목적은 육체의 생존 자체에 있는 것이 아니라, 그 속에 있는 영혼의 알맹이를 진실하고 아름답게 만드는 데 있을 것이다.

우리의 생각이 여기까지 이르고 보면, 이제는 용모의 아름다움이나 추함, 신체의 크거나 작음, 피부가 검거나 흰 것, 또는 건강하거나 약한 것들이 모두 의미가 없어지고 내면 세계의 고뇌와 진실이 눈앞에 다가온다. 이제 우리의 문제는 더 이상 보이는 세계의 문제가 아닌 인간 내면의 깊은 곳에서 소리치고 나오는 의문들이다.

「데미안」은 1919년에 발표된 헤세의 장편소설로서 에밀 싱클레어라는 소년의 정신적 성장과정을 통하여 그에게 영향을 끼친 사람들의 독특한 내면세계를 묘사해주고 있다. 갓 열 살이 된 소년 싱클레어는 사랑이 넘치면서도 엄격하고, 언제나 공정한 아버지의 세계 속에서 평온하게 성장하다가 크로마라는 장난꾸러기 친구를 만나면서 악의 세계에 눈을 뜨게 된다. 싱클레어는 아버지의 세계, 즉 선의 세계에 살면서도 크로마의 세계, 즉 악의 세계에 대한 유혹과 향수를 느끼면서 갈등에 빠진다. 이럴 즈음 그에게 알을 깨고 나오려는 새를 그린 그림 한 장이 날아온다. 그리고 그 그림에는 이런 글이 쓰여 있었다.

새는 알을 깨고 나온다.
알은 세계다.
태어나려는 자는 한 세계를 깨뜨려야 한다.

이일을 계기로 싱클레어는 삶의 의미를 탐구하려는 촉각을 더욱 날카롭게 한다. 그 무렵 싱클레어는 다른 도시에서 이사 온 데미안과 그의 어머니 에바 부인을 만나게 된다. 싱클레어는 데미안을 통해서 그가 지금까지 생각해 오던 모든 문제의 해답을 한꺼번에 얻으려 한다. 그러나 얼마 있지 않아 데미안은 다른 도시로 떠나게 된다. 그 후 싱클레어는 여자 친구 베아트리체를 만나고 바흐 연주자 피스트리우스와도 우정을 맺었으나 얼마 가지 않아 그는 그 모든 것에 회의를 느끼고 다시 방황하기 시작한다.

싱클레어는 데미안을 찾지 않을 수 없었다. 그는 데미안이야말로 자신의 모든 것이었으며 자신이 생각하고 바라는 전부라는 사실을 깨닫게 된다. 이러한 갈등과 연민 속에서 싱클레어가 한 사람의 청년으로 성장해 가고 있을 무렵, 그 지역에는 러시아와의 전쟁이 일어난다. 데미안과 에바 부인과 싱클레어도 각각 전장에 나갔다.

어느 봄 날 저녁, 싱클레어는 보초를 서면서 데미안과 에바 부인을 생각하다가 총상을 입고 야전병원을 전전하며 치료를 받게 된다. 어느 날 그는 우연히 큰 상처를 입고 바로 옆 침대에 혼수상태로 누워 있는, 꿈에도 그리던 데미안을 발견한다. 그 반가움을 무엇으로 표하랴! 그러나 이튿날 아침 싱클레어가 잠에서 깨어났을 때 데미안이 누웠던 침대에는 다른 사람이 누워 있었다. 그 후 싱클레어의 삶은 다음과 같이 묘사되었다:

그 이후 나에게 일어난 모든 것은 아픔의 연속이었다. 그러나 나는 가끔 열쇠를 찾아내어 내 자신 안에 들어가서 운명의 상(像)의 노곤한 선잠과도 같은 모습이 비춰진, 어두운 거울이 있는 데까지 내려가면서 그 거울 위에 내 몸을 굽혔다. 거기에는 내 자신의 모습이 보였다. 그 모습은 나의 친구이며 지도자인 '그'를 송두리째 닮아 있었다. 사랑하는 사람을 잃어 보지 않은 사람은 데미안에 대한 싱클레어의 애틋한 그리움을 짐작할 수 없으리라.

청년시절의 방황과 고뇌는 참된 삶을 추구하는 숭고한 투쟁과 같은 것이다. 고뇌 없는 청춘은 웃자란 나뭇가지 같아서 그 무엇에도 저항력이 없다. 헤세는 「데미안」의 서문에서, "인간이 무엇인지 알고 있는 사람은 흔치 않다. 그러나 사람은 대게 그것 때문에 다른 사람들보다 훨씬 쉽게 죽어 간다"고 말했다. 생각한다는 것은 인간을 인간답게 만들지만 동시에 그것은 생명을 소멸시킨다. 그럼에도 불구하고 우리는 생각해야 하며, 우리에 갇힌 살찐 돼지가 되기보다는 약사발을 든 소크라테스가 되기를 선택해야 한다.

언젠가 우리의 삶을 결산할 때 "나는 참으로 분투하였다"고 고백할

수 있는 가치 있는 영혼이 되어야 할 것이다. 이것이 인간에게 주어진
영원한 과제가 아닐까.

'자기'라는 이름의 아첨꾼

아베 프레보의 「마농 레스코」에서

＊＊＊

베이컨은, "사랑을 하면서 동시에 현명할 수는 없다"고 말했다. 사랑은 많은 현자(賢者)의 이성을 흐리게 하였고, 더 많은 전사(戰士)의 눈을 어둡게 했다. 베이컨은 이어서, "사랑은 열린 가슴으로 들어가 길을 찾아낼 뿐 아니라, 잘 방비된 닫힌 가슴 속으로도 능히 들어갈 수 있다"고 말했다. 필자는 아베 프레보의 소설 「마농 레스코」를 중심으로 우리가 기억해야 할 또 하나의 삶의 진실을 찾아보았다.

프레보는 1697년 프랑스 에덴 지방의 부유한 가정에서 태어나서, 군대를 거쳐 베네딕투스 교단의 사제로서 거의 일생을 헌신한 사람이다. 이 소설이 출판된 것은 그가 잠시 베네딕트 사제직을 떠나 영국과 폴란드 등지로 망명 생활을 하던 1731년이다. 책의 원제는 「슈발리에 데그류와 마농 레스코의 이야기」였으나 후세 비평가들의 관심이 여주인공 '마농'에게 쏠리자 「마농 레스코」라고 요약해서 표기하기 시작했다.

우연으로 시작되어 비극으로 끝난 데그류와 마농의 사랑은 17세의 소년과 15세의 시골 소녀가 우연히 빠리의 거리에서 만난 것으로부터 시작된다. 그들은 곧 깊은 사랑에 빠진다. 데그류는 참되고 순수한 사랑을 가졌으나 마농은 허영심이 가득한 소녀였다. 데그류에게는 마농이 전부였으나 마농에게 데그류는 한낱 향락의 수단에 불과했다. 마농은 데그류에게 돈과 정열이 있는 동안 잠시 머물다가 그것이 고갈되면 미련 없이 다른 남자에게로 떠나가 버린다. 마농의 이러한 행각은 악의가 있어서가 아니라 단지 본능에 따라 꾸밈없이 행동한 결과일 뿐이었다.

그러나 이러한 마농을 사랑하기 위한 데그류의 희생은 너무나 컸다. 그는 마농을 따르기 위해 집을 버리고, 신학교를 박차고 나오고, 생 라자르 감옥을 탈옥하고, 마침내 살인까지 하기에 이른다. 데그류는 계속해서 사기와 협잡과 도박을 일삼다가 유배형을 받고 창녀들과 같은(함께) 배를 타고 아메리카의 프랑스령 영토 루이지애나로 유형을 가게 된다.

데그류는 마농이 미국에 있다는 소식을 들었기 때문에 거기 가면 마농을 만날 수 있을 것이라고 생각한다. 우여곡절 끝에 데그류가 마농을 찾아내기는 했으나, 그곳 원주민 촌장의 조카가 마농을 탐내자 그와 결투를 벌이고, 마농과 함께 루이지애나 사막으로 쫓기는 몸이 된다. 안타깝게도 그들의 사랑과 인생 여정은 모두 루이지애나의 모래 속에서 끝나고 만다.

비평가 앙드레 데리브는 마농을 가리켜 "헤아릴 수 없는 여자"라는 뜻으로 "쁘띠 팜"의 전형이라고 평했다. "쁘띠 팜"이란 악의는 없으나 마음에는 항상 허영심이 가득하고, 어린 아이 같이 생각 없이 행동하는 여자를 두고 하는 말이다.

데그류는 빠리에서 마농을 만난 후 루이지애나의 모래 속에 그녀를 묻을 때까지 오직 마농만을 위하여 살았다. 그는 '마농'이라는 이름만 듣고도 이성을 잃을 만큼 전율을 느끼면서도, "이치에 합당하게 행동하는 것이 나의 의무다. 그러나 과연 내가 내 뜻대로 행동할 수 있을까?" 하고 고민했다. 이 소설은 청소년 시절에 어쩌다가 한 번 잘못 시작된 남녀 관계가 인생을 파멸로 이끌 수 있다는 사실을 말해주고 있다.

영국 속담에 "여러 작은 아첨꾼들에게 둘러싸인 최대의 아첨꾼은 곧 자기 자신"이라는 말이 있다. 데그류는 '마농'이란 작은 아첨꾼에게 미혹된 것일까, 혹은 자신의 이성과 눈을 가리고 있는 '자기'라는 이름의 더 큰 아첨꾼에게 정신을 빼앗긴 것일까? 그는 현명하지 못했으며, 그의 말처럼, '이치에 합당하게 행동'하지도 못했다. 이 소설은 프레보의 「어느 귀족의 회고록」 전 7권 중 제일 마지막 권에 해당하는 내용으로 프레보 자신의 자서전의 일면이라고도 볼 수 있다.

'욕망이라는 이름의 전차(電車)'를 타고 '자기'라는 아첨꾼의 인도를 받아 좌충우돌하며 분주하게 사는 우리 현대인들에게 마농은 이렇게 속삭인다:

> 당신은 슈발리에 데그류의 교훈을 모르세요? 그는 자기의 삶을 버리고 나의 딱한 운명에 무임승차한 사람이죠. 그렇지만 당신들은 자기의 삶을 버리지 마세요. 두 눈을 똑바로 뜨고 이성의 칼을 번득이며 살아가세요.

단 하나의 출구

W. P. 볼레티의 「무당」

현대는 무슨 시대인가? 세계는 전기의 시대에서 원자시대로, 그리고 원자시대에서 다시 우주 시대로 줄달음질 치고 있다. 그러나 물질문명의 발전과 비약에도 불구하고 인간의 정신은 아득한 옛날 우리 조상들이 우렛소리를 듣고 무릎을 꿇던 시대로 되돌아가고 있는 것 같다. 세상에 악마가 있느냐는 문제는 인류의 기원과 같이 오래된 문제이다. 이 문제를 가장 실감있게 취급한 소설 중 하나가 볼레티의 「무당」이다.

이야기는 인기 여배우 크리스의 열 한 살 난 귀여운 딸 리건의 2층 방에서부터 시작된다. 밤늦게까지 거실에서 대본을 읽던 어머니는 딸의 방에서 이따금씩 들려오는 이상한 소리에 놀라 2층으로 올라간다. 그 때마다 리건은 아기 곰을 안고 귀엽게 자고 있었다. 그러나 그때 이미 시련의 드라마는 막이 올랐다.

2층에 있어야 할 물건이 아래층에 옮겨져 있는가 하면, 어린 딸의 힘으로는 도저히 움직일 수 없는 침대와 장농이 밀려나와 있고, 딸의 모습에서는 온화하고 귀여운 모습이 사라지고, 방에는 한기가 서리기 시작했다. 딸은 가끔 알 수 없는 말을 지껄이다가 후에는 검진하는 의사에게

90

침을 뱉고 입에 담지 못할 욕설을 퍼붓기도 했다.

리건은 완전히 이성을 잃고 다른 의지의 노예가 되고 말았다. 소녀의 어머니는 딸을 정신과 의사에게 데리고 가서 진단을 받아 보았으나 병명조차 알 수 없었다. 결국 이 불쌍한 소녀는 차디찬 2층 방에 감금되고 양손은 질긴 가죽 끈으로 침대에 묶이고 말았다. 소녀의 어머니는 마지막 희망을 걸고 예수회 소속의 카라스 신부를 찾아간다. 이 경건한 신부는 소녀의 마음을 지배하고 있는 것이 악령이라는 사실을 발견하고 소녀의 마음을 드나드는 악령의 정체를 파악하기 위해 안간힘을 쓴다.

이럴 즈음, 리건의 집을 자주 드나드는 영화감독 데닝스가 리건의 집 옆에 있는 낭떠러지에 떨어져 의문의 죽음을 당한다. 이 죽음의 원인은 영원한 의문으로 남는다. 그런데 데닝스의 영이 리건의 마음을 드나들면서 자기를 죽인 것은 리건이었다고 똑똑한 음성으로 말한다. 리건에게는 여러 악령이 교대로 들어가 그녀를 괴롭히면서 초인적인 완력을 행사한다. 이제 리건에게서 귀여운 소녀의 모습은 완전히 사라지고 추악하고 더러운 악령의 모습이 교차되면서 그 입에서는 말과 글로는 형용할 수 없는 욕설이 거침없이 터져 나온다. 그녀의 방은 마치 돼지우리 같이 더러워지고 악취로 가득찼다.

이럴 즈음, 예수회에서는 경건한 신부 메린을 파견하여 소녀의 마음을 점령하고 있는 여러 귀신들을 추방하게 한다. 메린과 카라스, 이 두 신부는 하나님의 능력을 구하여 악령들을 쫓아내려고 안간 힘을 다 쓴다. 메린은 악령과의 대화를 통해 그 정체를 파악해 보려고 했으나 악령들은 정체를 밝히기를 완강하게 거절하고 발악을 계속한다. 결국 귀신들은 메린과 카라스 두 신부를 잔인하게 죽이고 불쌍한 소녀 리건을 떠난다.

어느 날 저녁 아래층에서 음식을 먹고 있던 크리스와 가정교사는 리건의 방에 심상찮은 일이 벌어지고 있음을 직감하고 곧 위층으로 달려간다. 거기에는 두 신부가 피투성이가 되어 비참하게 쓰러져 있었고 침대에서 "엄마" 하고 부르는 가냘픈 딸의 음성이 들려 왔다. 어머니는 너무나 감격해서 딸을 부둥켜안고 어쩔 줄 몰라 한다. 오랜 악몽이 지나고 이제 리건은 똑똑하고 귀여운 소녀로 되돌아 왔다. 그동안 일어났던 사건에 대해서 리건은 아무것도 모르고 있었다.

데닝스 감독의 사인 규명을 위해 크리스의 집을 수차 방문한 일이 있던 형사주임 킨더만은 리건의 어머니에게 하나님의 존재를 인정하느냐고 묻는다. 그러나 크리스는 악마의 존재는 인정하지만 하나님의 존재는 잘 모르겠다고 대답한다.

빛이 없고서야 어떻게 그늘이 있을까? 산이 없고서야 어떻게 골짜기가 있을까? 진리를 추구하는 자에게는 언제나 희생이 요구된다. 천진한 소녀를 괴롭히던 귀신들은 결국 두 신부의 숭고한 희생에 겁을 먹고 도망치고 말았다. 우리 생활에서 악마를 추방하는 유일한 방법은 우리가 남을 위해 희생정신을 발휘하는 것뿐인 것 같다. 숭고한 삶으로의 출구는 하나뿐, 그러나 그 문에는 악마들이 기다리고 있다. 하지만 그들은 결코 자기를 비어 남을 사랑할 줄 아는 정신을 가진 사람의 숭고한 정신을 언제까지나 막을 수는 없을 것이다.

삶의 의지와 책임감

쌩 떽쥐뻬리의 「인간의 대지」에서

≈≋≈

　사람에게 가장 중요한 것은 '어떻게 살아가느냐'가 아니라, '무엇을 위해 사느냐'에 있다 하겠다. 그러나 사람들은 대개 후자보다는 전자, 즉 삶의 동기보다는 삶의 방법에 더 큰 가치를 두고 있는 것 같다. 자신에 대한 애착 때문이 아니라 자기 주위에 있는 사람들에 대한 의무 때문에 생존의 의지를 불태운 사람이 있다면 우리는 그를 평범한 사람으로 볼 수는 없을 것이다.

　쌩 떽쥐뻬리(Antoine de Saint-Exupery, 1900-1944)는 남부 리용에서 출생해서 비행사, 회사원, 군인, 신문기자 등의 다채로운 경력을 가졌던 작가이다. 우리는 그의 길지 아니한 생애를 살펴보는 동안, 그에게서 한 사람의 작가보다는 한 사람의 강력한 의지를 가진 생활인의 모습을 발견하게 된다.

　그는 44년이란 짧은 생애 동안 「남방우편기」, 「야간비행」, 「어린 왕자」 그리고 「인간의 대지」 등 불후의 명작을 남겼다. 그의 작품의 순수성과 문체의 정확하고 아름다움은 그의 작품들이 프랑스의 중·고등학교 및 대학교의 교재로 사용될 만큼 훌륭한 것이었다. 특히 그가 1939년 2월에 발표한 「인간의 대지」는 그 해의 "아카데미 프랑세즈" 소설부

문 대상을 획득하기도 했다.

「인간의 대지」는 소설이 아니라 저자가 직업 비행사로서 세계의 이곳저곳을 비행하면서 체험하고 느낀 일들을 허구 없이 기록한 하나의 증언이라 할 수 있다. 1930년, 그러니까 저자가 30세 되던 해 6월 13일, 그의 동료 기요메는 22회째 험준한 안데스 산맥을 넘다가 불행하게도 예기치 못한 폭설에 휩쓸려 조난되었다. 이 소식을 들은 쌩 떽쥐뻬리와 동료 델레는 위험을 무릅쓰고 5일 동안 탐색 활동을 전개했으나 결국 실패하고 실의에 빠져 임지로 돌아왔다. 그러나 며칠 후에 기요메가 생환했다는 소식을 듣고 달려가 반갑게 그를 맞이한 일이 있었다.

이러한 불의의 조난은 동료에게만 있는 것은 아니었다. 저자는 동료 프레보와 함께 사하라 사막을 횡단하다가 기체고장으로 사막 한가운데 불시착했다. 그들은 며칠 몇 주간을 '바람과 별과 모래' 가운데서 고독한 날들을 보냈다. 마침내 그들에게는 음료수가 떨어지고 삶에 대한 모든 소망이 다 끊어져 버렸다. 그러나 이 때 저자는 자기를 기다리는 사람들을 생각하고 아직은 자기의 도움을 필요로 하는 사람들이 많음을 느낀다. 그는 자기의 삶을 포기하기 직전에 인류에 대한 의무감으로 다시 일어나 프레보를 부축하여 오아시스를 찾아 나선다.

후에 그는 이때의 경험을 토대로 다음과 같은 진리를 터득하게 되었다: "나는 진리와 나란히 걸어가면서도 그것을 이해하지 못한 일이 있었다. 나는 파멸된 줄로 생각하였고, 실망의 밑바닥을 짚은 줄로 믿었는데…. 바로 그 때가 사람이 자기 자신을 발견하고 제 자신의 친구가 되는 때인 것 같다."

사막을 헤매던 그들은 베두인 대상들을 만나 구조되었다. 저자가 살기 위해서 안간 힘을 쓰던 사막에서의 사투는 실상 자기 자신의 생명에 대한 애착 때문이 아니라 자신의 도움을 필요로 하는 사람들에 대한 책임감 때문이었다. 자기를 의지하고 자기의 도움을 바라며 또 자기가 도와주어야 한다고 생각하는 숱한 사람들 때문에 그는 쉽게 죽을 수 없었던 것이다.

그의 글은 모두가 생생한 사실의 기록이며 체험에 대한 증언이다. 그는 한 사람의 문필가였다기 보다는 오히려 한 사람의 행동가였다. 제2차 세계대전이 가장 치열하게 불붙고 있던 1944년 7월 31일, 저자는 상부의 지시와 동료들의 만류를 무릅쓰고 불편한 몸으로 그르노불과 안느 시 상공으로 출격했으나 다시 돌아오지 못했다. 그는 아마 코르시카와 대륙 간의 어느 해상에서 독일 포화에 격추되었을 것이다.

사람의 행동처럼 그 사람을 잘 말해주는 것은 없을 것이다. 마음에 없는 아름다운 말은 오래 할 수 있으나 마음에 없는 행동은 언제까지나 되풀이 할 수 없을 것이다. 더구나 그것이 삶과 죽음의 문제와 같은 극한 상황이고 보면 말이다. 쌩 떽쥐뻬리의 생애와 문학은 특히 젊은이들에게는 많은 것을 제시해주고 있다. 그가 어떤 종교적 신앙을 가지지 않은 인간으로서 이만큼 자기의 삶에 성실할 수 있었다는 것은 신앙을 가진 사람에게 무서운 자책감마저 주는 것 같다.

쌩 떽쥐뻬리의 투쟁과 죽음은 권태와 실패의 함정에 스스로 빠져서 헤어나지 못하고 자살을 선택하는 저 못난 지성인들에게 커다란 경고의 고동을 울려주고 있다.

죽음 이야기

릴케의 「하나님 이야기」 중에서

필자는 중학교 학생시절에 책이 너무 읽고 싶어서 기르던 고양이를 서점에 넘겨주고 학원잡지 한 권과 「평화의 왕」이라는 동화집 한 권을 얻어 읽은 일이 있었다. 나는 지금까지도 그 때 읽은 동화들과 학원잡지에 실린 글들을 거의 기억하고 있다. 동화는 뭇 사람의 마음에 잔잔한 감동을 주며 그런 감동은 세월이 흐를수록 더욱 새롭고 다정다감하게 우리 마음의 창문을 두드려 준다.

릴케의 "죽음 이야기"는 만인에게 사랑받는 독일의 시인 릴케가 어른들을 위해 쓴 동화집 「하나님 이야기」 가운데 들어 있는 사랑과 죽음에 대한 한 편의 감동적 이야기이다.

라이너 마리아 릴케는 1875년 프라하에서 평범한 성품의 아버지와 허영심 많은 어머니 사이에서 태어났다. 그는 육군 간부학교에 입학했으나 몸이 약해서 퇴교하고 요양과 여행과 집필로 길지 아니한 생애를 살았다. 그는 말년에 로댕과도 친분을 맺고 그의 영향도 받았다고 한다. 그는 1926년 요양 중에 장미가시에 손을 찔린 것이 화농하여 백혈병을 앓다가 51세의 나이로 세상을 떠났다.

「하나님 이야기」에는 1889년과 1900년 사이에 저자가 러시아를 두 번 여행하면서 쓴 열세 편의 동화가 수록되어 있다. 이 책을 우리말로 옮긴이는 서문에서 "「하나님 이야기」를 옮기며 역자는 열세 번의 아련한 충격을 받았다"고 고백했다.

어느 여름 날 저녁, 산책길에서 시인은 넋을 잃고 어둠 속으로 사라지는 저녁노을을 바라보고 있었다. 그 때 누구인가 시인에게, "하늘나라가 그렇게도 좋습니까?" 하고 말을 건넸다. 그리고 그는 이어서, "나는 이 나라가 훨씬 좋아요" 하고 말하며 땅을 가리켰다. 그는 묘지지기로서 무덤을 파고 있는 중이었다. 이렇게 해서 시인과 무덤 파는 인부 사이에 아름답고 감동적인 동화의 세계가 열린다.

묘지기는 하늘을 가리키며 이렇게 말한다.

"세상 사람들은 대개 나와 같은 일을 하고 있지 않습니까? 내가 여기에 사람을 파묻듯이 사람들은 저기에 (하늘을 가리키며) 하나님을 묻고 있지요. 분명히 저기도 넓은 묘지임에 틀림없을 걸요. 여름이 되면 저기에도 물망초가 피어날 겁니다." 시인은 배운 것이 없지만 생각이 깊어 보이는 노동자에게 하나의 이야기를 들려준다.

옛날 어떤 곳에 서로 사랑하는 남녀가 있었다. 그들은 시간의 흐름에서 벗어나 고독의 경지에 들어가려고 결심하고 황야 한 가운데 아담한 집을 지었다. 그 집에는 남자를 찾아오는 사람의 출입문과 여자를 찾아오는 사람의 출입문이 각각 따로 있었다. 아침이 되어 먼저 일어난 사람이 자기의 문을 열면 여러 가지 풍경들과 빛과 어깨에 향기를 멘 바람이 줄을 이어 이 황야의 집을 방문했다. 이런 행복한 나날이 얼마쯤 흘러간 어느 날, 남자의 문 앞에 낯선 방문객 하나가 문 열기를 기다리고 서 있었다. 남자는 문을 열려다 말고 그 방문객이 죽음이란 것을 알고 황급히 문을 닫아 버렸다. 그러자 방문객은 여자의 문 앞으로 옮겨 섰다. 이후로부터 그들은 문을 걸어 닫은 채 근심에 싸인 나날을 보내게 된다.

이야기는 여기서 끝나지만 시인은 자작(自作)의 추신(追伸)을 덧붙였다.

여자는 죽음의 얼굴을 본 일이 없었기 때문에 어느 날 무심코 문을 열어 버렸다. 그러자 죽음이 다가가서, "이것을 남자에게 주시오" 하며 작은 꾸러미 하나를 내밀었다. 그것은 씨앗이었다. 여자는 남자에게 그것을 말하지 않고 앞뜰에 심었다. 봄이 되자 씨앗에서는 싹이 나고 꽃이 피었다. 그러나 그 둘은 그 누구도 그 꽃의 유래에 대해 말하거나 묻지 않았다.

하늘에 하나님의 무덤을 파는 사람들, 그들은 어떤 종류의 사람들일까? 릴케는 저 먼 꿈과 동화의 세계에서나 있을 법한 신비한 이야기들을 모아 빌딩의 숲, 자동차의 홍수, 각종 매연의 안개 속을 헤매며 숨 가쁘게 살아가는 어른들에게, 아름다우면서도 비수를 품은 듯 우리의 양심을 찌르는 동화를 들려준다.

죽음은 우연히 오는 것이 아니라 우리 각자의 문을 통해 필연적으로 온다. 여기까지는 쉽다. 그러나 그 다음 우리의 무덤에는 어떤 꽃이 필까? 혹 성급한 나의 죽음이 벌써 내 문 앞에 와서 문이 열리기를 기다리고 있는 것은 아닐까?

슈낙을 사랑하는 이유

안톤 슈낙의 수필집에서

—※—

슈낙처럼 독자의 마음속에 빠르고 깊은 감동을 불러일으키는 작가는 드물다. 그는 시와 소설에 모두 깊은 조예를 가지고 있으나 우리에게 가장 친근함을 주는 것은 그의 수필이다. 그의 수필을 읽는 눈에는 흘러간 시절의 예지가 다시 빛나고, 소리 내어 그의 글을 읽는 입에는 공감의 탄성이, 그리고 그의 책장을 넘기는 손가락에는 아쉬움이 남는다.

슈낙은 1892년 독일에서 출생하여 젊은 시절에는 신문기자와 편집인으로 일했다. 그는 두 차례의 세계 대전에 모두 참전했으며 만년에는 저작에 전념하였다. 우리가 "슈낙의 수필집"이라고 부르는 것은 1940년과 1941년에 발표된 두 권의 수필집, 「밤의 해후」와 「젊은 날의 전설」을 두고 말한다.

일반적으로 그의 작품은 표현주의라는 문학 장르에 속한다고 말지만 독자는 굳이 한 사람의 작가를 그렇게 제한된 울타리 안에서 이해할 필요는 없을 것 같다. 독자들은 대개 고등학교의 국어 교과서에 수록된 "우리를 슬프게 하는 것들"이라는 그의 수필을 기억하고 있을 것이다. 그의 수필의 진면목을 다시 한 번 음미해 보도록 하자:

숱한 세월이 흐른 후에 문득 발견된 돌아가신 아버지의 편지
에는 이런 사연이 쓰여 있었다. "사랑하는 아들아, 네 소행들
로 인해 나는 얼마나 많은 밤을 잠 못 이루며 지새웠는지 모른
다…."
대체 나의 소행이란 무엇이었던가.

이 글은 "불효부모사후회"(不孝父母死後悔)라는 주자십훈의 첫 교훈을
연상시켜 주는 혈육에 대한 안타까움이 담긴 글이다. 또한 그에게는 친
구에 대한 슬픔도 있었다:

　　공동묘지를 지나다가 문득 '여기 열다섯의 어린 나이로 세상
　　을 떠난 소녀 클라라 잠들다'라는 묘비명을 읽었을 때, 아! 그
　　녀는 어린 시절 나의 단짝 친구였지.

젊은 나이에 세상을 떠난 나의 형(님)은 주위 사람들의 경고를 외면
하고 기탄없이 술과 담배에 찔은 젊은 날을 살았다. 그가 삶에 대한 애
착을 느끼기 시작했을 때는 이미 건강이 기울어 젊은 나이에 세상을 떠
나고 말았다. 평소에 그 형님과 뜻이 통하던 이종형님 한 분이 있었다.
그 형님 역시 착하고 이지적인 성품을 가졌으나 무엇인지 모를 좌절감
에 빠져서 무절제한 생활을 하며 탄광을 전전하였다.
어느 해 가을에, 그 형님이 멀리 영월에서 영주까지 술 한 병을 사들
고 달려와서 큰 소리로 아우의 이름을 불러댔다. 그러나 소복을 하고 나
온 형수로부터 짤막한 종제의 부음을 들은 그는, 너무나 허망한 나머지
마당에 주저앉아 밤이 깊도록 대성통곡하며 가져온 큰 술 한 병을 다 비

우고 아침 해가 뜰 무렵에 표연히 사라졌다고 한다. 그 형님 역시 먼저 돌아가신 형님과 똑같은 병으로 일찍 세상을 뜨고 말았다.

이런 이야기들은 분명히 우리를 슬프게 한다. 그러나 이런 종류의 슬픔은 우리에게 절망을 주는 대신 교훈을 준다. 슬픈 이야기에는 거짓이 있을 수 없다. 그래서 우리는 슈낙의 애절한 이야기들 속에서 우리 자신의 과거를 보고 오늘의 '나'를 보며, 미래의 모습을 상상한다. 삶을 통해 우리가 직면하는 애절함과 슬픔은 우리에게 삶을 관조하고 반성할 수 있는 동기를 준다.

슈낙에게는 또한 이루지 못한 젊은 날의 꿈이 있었다. 이 꿈을 이야기하는 그의 문체에서 우리는 약동하는 어떤 힘을 느낄 수 있다:

> 그들과 더불어 나는 격동에 찬 인생의 황금기를 보냈다. 파노라마처럼 뇌리를 스쳐가는 한 무리의 영상들, 즉 판사나 목사가 된, 농부가 되어 기억 속에서 라틴어의 시구를 뿌리며 경작하는, 아니면 은행원이 되어 모험을 갈구하던 젊은 날의 웅대한 꿈을 회계 장부의 차변(借邊)과 대변(貸邊) 속으로 녹여 없애버린 친구들, 머리속에는 반항과 고집, 뜨거운 동경과 설레임으로 꽉 차 있던 소년들의 모습을 다시 한 번 차례차례 더듬어 보노라면…

우리가 특별히 슈낙을 사랑하는 이유는, 그가 언제나 긍정적인 편에 서서 세상의 온갖 부정적인 면을 모나지 않게 투시해주기 때문이다. 그를 사랑하는 사람은 그의 긍정적 태도와 삶의 방법도 함께 흠모해야 마땅하지 않을까.

세상에서 가장 무서운 사람은 책을 한 권밖에 읽지 않은 사람이라고 한다. 한 권의 경전만으로는 부족하다. 법을 시행하는 판사도 육법전서 한 권만으로 세상을 판결할 수는 없는 것이다. 손에 책이 없고서야 어떻게 머리에 생각을 기대할 수 있으랴. 슈낙의 수필집 쯤 옆구리에 끼고 보면 만원 버스에도 당당하게 오를 수 있을 것이다.

가을의 즐거움

포올 베르렌느의 「가을의 노래」

활활 달아오르던 대지가 식고 아침저녁으로 찬 이슬이 내린다. 가을이 왔다. 책을 끼고 석양 무렵의 산에 오르면 하늘은 한없이 푸르고 새떼들이 우짖으며 날아다니는 소리도 상쾌하기만 하다. 책을 펴고 시를 읽는다. 책은 포올 베르렌느, 시는 "샹송 도똔느."

　　가을날 비올롱(바이올린)의 긴 흐느낌이
　　가슴 속에 스며들어
　　마음은 설레고 쓸쓸해진다
　　때를 알리는 종소리에
　　답답하고 가슴 아파
　　지난날의 추억에 눈물 흘린다
　　그래서 나는,
　　궂은 비바람에
　　여기저기로 정처 없이 흘러 다니는
　　낙엽과 같아라.

독서는 이것으로 충분하다. 이제는 우리 앞에 성큼 다가온 계절의 체취를 마음껏 들이마시며 시원하게 펼쳐진 축복의 풍경 속에 '풍덩' 뛰어들어 보자. 가슴을 열고 가을을 맞아들여 우리의 삶을 풍요롭게 가꾸어 보자.

우리의 가을은 낙엽을 밟는 가냘픈 소리에도 온 마음이 곤두서는 시몬의 가을인가, 혹은 낙엽 타는 향내에 가을의 정취를 만끽하던 「메밀꽃 필 무렵」의 효석의 가을인가, 또는 너무 쓸쓸해서 마음이 아픈 슈낙의 가을인가. 슈낙은 인적이 끊어진 정원, 오솔길에 패인 작은 발자국에서도 계절의 깊이와 아픔을 느꼈다.

"가을의 노래"는 프랑스 상징주의 문학의 대표적 시인 포올 베르렌느가 1866년에 발표한 일곱 편의 시 중에서 가장 널리 알려진 작품이다. 베르렌느는 플랑드르 지방 메쓰란 곳에서 출생하여 어린 시절에 아버지를 여의고 어머니와 함께 파리에서 생활하였다.

그는 중등교육을 받은 후에 잠시 공무원이 되었으나 후에는 시작(詩作)에만 전념하다가 26세에 결혼했으나 주벽이 심해지고, 또 후에 그의 작풍(作風)을 이어받은 천재 시인 랭보(Arthur Rimbaud, 1854-1891)와의 동성애로 가정마저 파탄되고 만다.

그 후 그는 벨기에와 영국 등지로 방랑 생활을 하다가 1873년 순간적인 감정의 폭발로 랭보에게 권총을 쏘아 투옥된 일도 있었다. 이와 같은 일련의 사건들 때문에 오히려 그의 인기는 더욱 높아졌다. 그러나 그의 생활은 거의 돌이킬 수 없을 정도로 무절제 하게 되었고 마침내 비참한 말년을 보내게 된다.

그의 시는 색채를 배제하고 '뉘앙스'에서 시작하여 무한한 감동에 이른다. 가을, 비올롱, 고독, 종소리, 추억, 바람, 낙엽 등의 평범한 개념들이 한 데 모여 만인이 공감할 수 있는 한 편의 시가 되었다.

예지의 시인 발레리(Paul Valery)는, "글을 쓰는 행위는 지성의 희생을 요구한다"고 말했으나, 베르렌느에게 있어서 글을 쓴다는 것은 희생이 아니라 즐거움이었으며 보람이었고 삶 그 자체였다. 발레리에게 생사의 문제를 일깨워 주던 위대한 사상의 바람이 베르렌느에게는 낙엽을 굴리고 비를 몰고 다니는 감상적 존재에 불과했던 것이다. 발레리는 이렇게 노래했다:

바람이 인다
나는 죽음을 음미해야겠다.
바람이 인다
나도 살아 보아야겠다.

긴박한 삶 속에서 자기의 삶을 꾸려가기 위해 동분서주하는 생활인으로서의 우리 각자는 아무래도 베르렌느 편의 일상적 바람에 더욱 친근해야 할 것 같다.

지성은 냉정하나 감정에는 인간애(人間愛)라는 우물이 있다. 우리는 이들 쌩볼리스트 시인들에게서 도덕을 배울 필요는 없다. 그들 대부분은 도덕적으로는 부랑자요 마약중독자들이었다. 그러나 그들의 마음 속에는 언제나 인간애의 샘이 솟고 있었으니 우리는 그것을 인정해야 한다.

어디선가 상쾌한 바람이 불어온다. 삶과 죽음, 그 높고 깊은 차원의 사색은 잠시 사양하고 솔베이지의 노래라도 불러보자.

그 여름은 가고 또 세월은 가고
세월은 간다…

고독 속에서

茶兄 김현승의 「고독과 시」

━━━≫≪━━━

> 어느 햇볕에 기대지 않고
> 어느 그늘에도 빚지지 않는
> 단 하나의 손발

김현승 시인의 "견고한 고독"의 한 연이다. 문학인으로서의 그의 영혼과 그의 삶은 어느 햇볕에도 기대지 않았고, 또 어느 그늘에도 신세지지 않았다. 그는 한 마리의 고독한 새처럼 거리낌 없이 마음의 노래를 불렀고, 또 거리낌 없이 커피를 사랑하다가 표연히 세상을 떠났다.

김현승은 1913년 평양에서 부친 김창국 목사의 5남매 중 둘째로 태어났다. 숭실중학과 숭실전문학교를 마치고 1934년 동아일보를 통해 시로 문단에 데뷔했다. 이때를 계기로 활발한 창작 활동을 시작했으나, 1938년부터 해방될 때까지 신사참배 거부로 인한 투옥, 위장병의 악화, 누이동생의 죽음 및 교사직 박탈 등으로 한 때는 시작(詩作)을 중단하기까지 하였다. 그는 1960년부터 서울의 숭실대학으로 교직을 옮겨 고혈압으로 쓰러지던 1975년까지 이곳에서 후진양성에 여생을 바쳤다.

지식산업사가 펴낸 김현승 산문집 「고독과 시」에는 그의 시론과 수상과 자전의 일부가 수록되어 있다. 그를 알고 있는 이들은 그의 이름을 듣자마자 '커피' 와 '고독' 을 떠올릴 것이다.

그는 이른 새벽 한산한 다방에 들러 커피를 마시고 혼자 앉았다가 손님들이 들어올 시간이면 말없이 나가버리곤 했다. 그는 하루 세 끼니 밥은 먹지 않아도 커피는 마시지 않을 수 없었다.

그는 오늘날의 사회가 삭막해져 가는 것은 고독의 상실 때문이라고 생각했다. 그래서인지 그는 여러 시인들 가운데서도 유독 밤과 고독을 많이 노래한 릴케를 좋아했다. 특히 그의 시 가운데서도 "가을날"과 같은 시를 즐겨 읊었다.

> 지금 집이 없는 사람은 집을 짓지 않을 것입니다.
> 지금 호올로 있는 사람은 길이 호올로 있을 것입니다.
> 깨어 읽고 또 긴 편지를 쓸 것입니다.

대학 생활을 하면서 그는 지금까지 살아온 세계를 송두리째 의심하고 이렇게 부르짖는다.

> "하나님은 과연 초월적 존재인가? 그러나 나는 신이란 인간들의 두뇌의 소산인 추상적인 존재에 지나지 않는다고 점점 확신을 갖게 된다." 그는 또 이렇게 말했다. "내가 50평생을 체험한 교회의 현실이 나의 판단을 … 보증하여 주고 있다. 그 어느 사회 못지않게 음흉스러운 교인 심리의 내부, 그 실상은 권력의지에 지나지 않는 권위의식, 그 질투, 그 중상과 그 거짓…."

그러나 1974년 어느 겨울, 그는 결혼식 주례를 마치고 나오다 쓰러진다. 오랜 동안의 혼수상태 끝에 깨어난 그는 자신의 삶 속에서 역사하시는 하나님의 강한 손길을 느끼게 되었다. 그는 하나님 앞에 자복하고 회개하였다.

그는 "나의 생애와 확신" 이라는 글에서 이렇게 말했다.

> "쓰러지기 전 나의 생애는 무엇보다도 시가 중심이었으며 핵심이었다. 그러나 내가 쓰러지고 나서는 나의 지대한 관심이 매우 달라졌다. 지금 나의 애착과 신념은 결코 시에 있지 않다…지금 나의 심경은 시를 잃더라도 나의 기독교적 구원의 욕망과 신념은 결단코 놓칠 수 없고 변할 수 없다."

50여 편의 아름다운 글이 실린 「고독과 시」는 읽는 이들에게 깊은 감명과 생에 대한 풍부한 상상력을 제공한다. 끝으로 그의 시 "절대 고독"의 한 연을 소개한다.

> 나는 이제야 내가 생각하는
> 영원의 먼 끝을 만지게 되었다.
>
> 그 끝에서 나는 눈을 비비고 비로소
> 나의 오랜 꿈을 깬다.

생각하며 사는 하루

마르쿠스 아우렐리우스의 『명상록』에서

⁕

    한 사람의 전기를 읽는다는 것은 곧 한 사람의 생애를 반쯤 체험하는 것과 같다. 필자는 17세기 프랑스와 영국에서 계몽주의 사조가 꽃피던 시절의 한 세대를 자유분방하게 풍미한 루소(J. J. Rousseau)의 전기를 읽고, 사람이 자기 자신을 드러낸다는 것이 무엇인가 하는 것과 어떻게 그처럼 솔직하고 과감한 글을 쓸 수 있을까 하고 감탄했다. 버마의 선교사로 일생을 마친 아드니람 저드슨의 생애를 읽고 소명(召命), 즉 하나님께 부름을 받는다는 의미를 깨달았다.

    한 사람의 일생에 대한 솔직한 묘사가 전기라면 그 전기의 구석구석에 깃들어 있는 인생의 성공과 실패, 환희와 절망, 또 후회와 희망에 대한 뼈저린 체험에서 갈고 닦여져 나온 교훈이, 곧 "명상록" 혹은 "금언"이라고 표현되는 글일 것이다. 전기가 조개껍질이라면 명상록은 진주에 비유할 수 있을 것이다. 명상록만큼 읽는 이들에게 친밀감과 삶에 대한 깊은 충고를 동시에 주는 글은 없을 것이다.

    아우렐리우스는 서기 161년부터 180년까지 로마 황제로 제위한 군왕일 뿐 아니라 스토아학파에 속한 철학가이기도 했다. 그의 명상록 가운데서 우리에게 교훈과 감명을 주는 몇 가지를 발췌했다:

아침에 일어나면 우선 당신 자신들에게 다음과 같이 타일러라. '나는 남의 일에 참견하기를 좋아하는 사람, 은혜를 모르는 사람, 건방진 사람, 사기꾼, 시기심 많은 사람, 비사회적인 사람을 만나게 될 것이다.' 그들은 선과 악이 무엇인지 모르기 때문에 이와 같이 된 것이다(2장 1절).

당신에게 닥쳐오는 외부의 일이 당신의 마음을 어지럽히는가? 새롭고 유익한 다른 일을 배울 시간을 가지고 공연히 우왕좌왕 하지 말라(2장 7절).

다른 사람의 마음속에서 무슨 일이 일어나고 있는지 모른다고 해서 (자신을) 불행하다고 생각하는 사람은 없을 것이다. 그러나 자기 자신의 마음의 움직임을 모르는 자는 반드시 불행하게 될 것이다(2장 8절).

히포크라테스는 많은 사람의 병을 고쳐 주었지만 자신은 병사했다. 갈대아 사람들은 많은 사람들의 죽음을 예언했으나 결국 그들 자신의 운명을 벗어나지는 못했다. 알렉산드로스, 폼페이우스, 가이우스, 케사르 등은 수많은 도시를 연달아 완전히 파괴하고 싸움터에서 수만의 기병과 보병을 분쇄했지만 결국 그들도 이 세상에서 사라졌다. 헤라클레이토스는 우주의 큰 불에 대해 사색을 거듭 했지만 결국은 자신의 몸에 불이 붙어 더러운 진흙을 뒤집어쓰고 죽었다. 이런 일은 어떤 의미를 갖는가? 당신은 인생이라는 배를 타고 항해를 하다가 해안에 이르렀다. 밖으로 나가보라 … 이 배를 움직이는 탁월한 힘에 비교해서 배 자체는 열등한 것이다. 전자는 이성이며 신성이요, 후자는 부패와 흙이기 때문이다(3장 3절).

오직 소수의 일만 남겨놓고 나머지는 모두 버려라. 또한 누구든지 지금의 이 순간, 이 불가분의 순간을 살고 있을 뿐이며 그 밖의 생애는 지나가버린 것이거나 불확실한 것임을 명심하라. 따라서 그가 사는 순간은 짧고, 그가 살고 있는 곳은 지구의 작은 구석에 지나지 않는다. 사후의 명성도 잠시 동안 계속될 뿐이며, 이 명성조차도…자기 자신(의 운명)도 잘 알지 못하는 가련한 인간에 의해 전승되는 것이다(3장 10절).

끊임없이 생각하라. 얼마나 많은 의사들이 환자 때문에 눈살을 찌푸리다가 죽었는가를, 얼마나 많은 점성가가 거드름을 부리며 남의 운명을 예언하다가 죽었는가를, 얼마나 많은 철학자가 죽음과 불멸에 대해 끝없는 논쟁을 벌이다가 죽었는가를, 얼마나 많은 영웅이 수천의 인간을 살해하고 자신도 죽었는가를, 얼마나 많은 폭군이 생사여탈권을 휘두르며 마치 영생이라도 할 듯이 무서운 오만을 부리며 살다가 죽었는가를, 그리고 얼마나 많은 도시-예컨대 헬리케, 폼페이, 헤르쿨라네움-그 밖의 무수한 도시가 완전히 폐허로 변했는가를.
또한 당신이 아는 사람들을 남김없이 차례차례 헤아려보라. 갑은 을을 묻어주고 죽고, 병은 갑을 묻어주고 죽었다. 그러나 이것도 잠시 동안 일어난 일이다. 요컨대 인간사가 얼마나 덧없고 보람 없음과 어제의 작은 점액이 내일은 어떻게 미이라나 재로 변하는가를 언제나 생각하라… 올리브가 익으면 자연을 찬양하고 지금까지 키워준 나무에 감사하면서 떨어지는 것처럼 자연에 따라 살다가 만족한 가운데 여행을 마쳐야 한다(4장 48절).

아우렐리우스는 삶과 죽음에 대해서 많은 명상을 하였다. 그래서 역자는 이렇게 말한다. "산다는 것, 그 껍질은 시대에 따라 변하지만 그 핵심은 영원히 불변하듯이, 고대인을 괴롭힌 문제는 현대인도 괴롭히고 있다. 죽음, 사랑, 이상 등. 이 책은 눈으로 읽는 글이 아니라 심장으로 받아들여야 할 글이다. 현실과 이상의 틈에 끼어서 명상하고 혹은 절망하면서 이런 글을 한 줄 한 줄 삶을 살듯이 적어 내려간 저 가련한 황제 마르쿠스 아우렐리우스, 그의 전부를 우리의 몸 전체로 받아들여 보자."

애국자

「안도산 傳」에서

❈

　도산 안창호는 필자가 가장 존경하는 인물 중의 한 사람이다. 안창호는 1878년 11월 9일, 대동강 하류의 도룡섬이란 곳에서 농부의 세째 아들로 태어났다. 그는 일곱 살 때 부친을 여의고 조부 슬하에서 한학을 배우며 자라났다. 어린 시절에 그는 고을의 서당에서 후에, 독립운동과 민족의 계몽을 위해 헌신한 김현진 선생에게 유학을 배우고, 후에, 함께 독립운동을 한 필대은을 만나 교우관계를 맺었다.

　이 때 나라의 정세는 바람 앞의 등불과 같았다. 세계의 여러 강한 나라들은 저마다 먼저 한반도를 점령하려고 수단방법을 기리지 않았다. 그 중에서 일본은 한반도를 개발해준다는 명목으로 벌써 이 나라를 집어삼킬 계획을 실천에 옮겨 나가고 있었다. 나라 밖의 사정이 이렇게 긴박했음에도 불구하고 나라 안의 관리들은 자기들만 잘 살겠다고 백성들의 재산을 빼앗는가 하면 그들의 억울한 사정에는 귀를 기울이지 않았다.

　1898년 여름, 그러니까 안창호의 나이가 만 스무 살이 되던 때부터 그는 평양과 서울 등지에서 많은 사람들을 모아놓고 연설을 하기 시작했다. 1899년 여름, 평양 시외 쾌재정이라 는 정자에서의 연설은 안창호의 이름을 삼천리 방방곡곡에 퍼지게 했다. 흰 두루마기를 단정하게 입고 청년 안창호는 당시의 국제 정세에 비추어 그들이 해야 할 일을 하나하나 설명했다.

쾌재정에서의 연설이 성공적으로 끝난 후 안창호는 곧 서울로 가서 독립운동을 시작했다. 그는 이상재, 이승만, 윤치호, 서재필 등과 손을 잡고 독립협회를 조직했으나 이듬해인 1899년에 정부는 강제로 독립협회를 해산하고 말았다.

같은 해 안창호는 낙향하여 점진학교를 세워 교육에 투신했다. 이 학교는 우리나라에서 남녀를 함께 공부시키기 시작한 최초의 남녀공학 학교였다. 안창호는 그 때까지 논어와 맹자만 가르치던 학과를 크게 늘려 과학과 역사와 지리 등의 산지식을 가르치기 시작했다.

이에 앞서 안창호는 열여섯 살에 서울에 가서 우연히 언더우드 선교사를 만나 구세학당이란 신교학교에 들어가서 신학문을 공부하고 세례를 받아 기독교인이 되었다. 그가 점진학교를 세우고 새로운 과목을 가르치기 시작한 것도 결국 구세학당에서의 경험과 거기서 깨달은 것을 실천에 옮긴 것이었다고 볼 수 있다.

안창호는 어린 나이에 이미 확고한 신앙심과 민족을 구하겠다는 열렬한 애국심을 가지기 시작했다. 안창호는 나라를 구하고 백성들을 깨우치기 위해서는 신앙이 있어야 한다고 생각하고 중요한 일을 당할 때마다 "이제 우리는 이 일을 위하여 저마다 가진 신앙을 따라 기도 합시다" 하고 말했다고 한다.

안창호는 일본 경찰에 붙잡혀 투옥 되었다가 출옥한 후에는 동지들과 함께 평안북도 선천 지방에서 순회연설을 시작했다. 그 지방 사람들은 안창호 청년을 존경한 나머지 숙소에서는 새 이불과 베개를 내주기까지 했다고 한다. 도산은 새벽에 잠에서 깨어나 함께 자던 백영엽을 깨워 같이 무릎 꿇고 기도하자고 했다. 그리고는 "하나님, 저는 죄인입니다. 이 민족이 저를 이렇게 위해 주는데 저는 민족을 위해 아무것도 한 일이 없습니다" 하고 기도했다.

그는 또한 마포삼열 선교사가 교회 일을 하면 보수를 주겠다는 제안에 대해 개인적으로는 전도하겠지만 돈을 받고는 하지 않겠다고 단호하게 거절하기도 했다. 한번은 평양 시내의 어떤 감리교회에서 연합집회를 열고 헌금을 모으는 광경을 본 안창호는 교회가 가난한 사람들에게 너무 많은 돈을 강요한다고 생각했다. 도산의 이런 생각이 옳았건 글렀건 간에 이와 같은 그의 생각은 가난한 백성들에 대한 그의 사랑을 잘 나타내주고 있다.

점진학교를 시작한 지 3년이 지난 어느 날, 언더우드 목사의 주선으로 그는 미국유학을 떠나게 되었다. 그는 미국에 가서도 그곳에서 살던 한국인들에게 성실과 근면에 대한 본을 보여 주었다. 그가 길거리에서 싸우는 두 한국인의 싸움을 말린 사건은 유명한 이야기가 되기도 했다.

한 번은 그가 미국의 어떤 가정에서 한 시간에 35센트씩 받기로 하고 정원의 잔디를 깎는 일을 맡았다. 그는 자기 집 잔디를 깎듯이 정성껏 일했다. 안창호의 성의와 정직한 태도에 감복한 집주인은 한 시간에 50센트로 돈을 올려 주었다고 한다.

그는 힘들게 자리를 잡은 미국에 가족을 버려두고 독립운동을 위해 귀국했다. 그러나 그리웠던 조국에는 왔으나 그를 영접한 곳은 감옥이었다. 그는 평생 동안 집 한 칸 없이 조국의 독립을 위해서 동분서주하다가 젊은 시절에 감옥에서 당한 갖가지 고문과 신체적, 정신적 고통으로 인한 합병증으로 고통당했으며 마지막에는 치료비조차 없어서 남의 도움을 받지 않으면 안 되었다. 그는 가족도 없이 외롭게 운명했다.

오늘날 자주독립을 성취하고 경제적으로 부강해진 나라에 사는 우리들은 한 시라도 도산의 애국정신을 잊어서는 안 되겠다. 특히 그가 한 사람의 기독교인으로서 사심 없이 민족을 위해 투신했다는 사실은 모든 종교인들에게 커다란 자랑이 아닐 수 없다. 애국자란 바로 도산 같은 이를 일컫는 말일 것이다.

돈과 인격

프란시스 베이컨의 「수상록」에서

‒‒‒§‒‒‒

프란시스 베이컨(Fracis Bacon, 1561-1626)은 엘리자베스 여왕이 왕위에 올라 영국이 역사상 유례없는 약진과 번영의 길로 내닫던 때에 고급 관리의 아들로 런던에서 출생했다. 프란시스는 어려서부터 총명해서는 캠브리지 대학을 졸업하고 16세가 되던 해에 이미 파리 주재 영국대사의 수행원으로 파리에 가서 근무할 정도로 관운도 좋았다.

그는 영국 대법관의 지위에까지 올랐으나 그가 출세하는 동안 그의 재질과 인간성에 기대를 걸었던 많은 사람들에게 커다란 실망을 안겨 주었다. 그는 젊은 시절에 그에게 은혜를 베푼 이들을 배반해 버리는가 하면, 제임스 1세 시대에는 왕을 위하여 부정한 방법으로 전매 특허권을 매매하기도 했다. 대법관의 이러한 처사로 인하여 괴로움을 당한 것은 백성들이었다. 백성들은 경제적 부담보다 기대했던 베이컨이란 인간에 대한 실망과 배신감 때문에 더욱 괴로워했다.

그러나 베이컨이 남긴 글은 보석 같이 빛나서 그의 글을 읽은 사상가 뒤랑트는 베이컨의 「수상록」을 가리켜, "이처럼 많은 고기가 이처럼 잘 조리 되어서 이처럼 작은 접시에 이처럼 많이 담겨진 것은 드물 것이다" 하고 감탄했다. 50편의 수필이 실린 베이컨의 수상록은 우리의 생각과 우리의 현실과 우리의 미래를 너무나 진실하게 비춰주고 있어서 필자는 책장 한 장 한 장을 넘길 때마다 거기에 비춰지는 자신의 모습을 보고 문득문득 부끄러움을 느꼈다.

이성의 거울을 들여다 볼 줄 아는 이는 성숙할 수 있는 사람일 것이다. 그는 양심의 호소에 귀를 기울이며, 또 그 거울 위에 더럽혀진 온갖 가식의 부스러기들을 쓸어낼 줄 아는 자이기 때문일 것이다. 필자가 베이컨의 「수상록」을 세계 명작의 범주에 넣는 것은 바로 이런 이유에서이다.

베이컨은 학문적으로는 폭넓은 지식을 갖추고, 정치적으로는 나무랄 데 없는 식견과 수완을 가진 사람이었다. 그러나 그는 모든 면에서 절정에 올라 그의 학식과 정치적 수완이 진가를 드러내야 할 즈음에 돈에 대한 유혹을 뿌리치지 못하고 그 모든 것을 잃고 무너지고 말았다.

그는, 수십만 파운드의 뇌물을 받고 부정한 판결을 내린 사실이 세상에 알려지면서 1621년에 런던탑에 갇히는 죄수가 되었다. 그의 빛나는 관리 생활은 하루아침에 끝나고 만년의 5년 동안은 사람들의 눈을 피해 집에서 은둔하며 오직 저작에 몰두하였다.

그의 경험철학은 한 세대 동안 세계를 지배했으며, 오늘날도 그의 이름은 철학사에 찬란히 빛난다. 그가 남긴 글 가운데서 금전에 관한 교훈을 찾아본다는 것은 퍽이나 흥미 있는 일이다.

그의 「수상록」에서 돈과 관련지어 이야기 한 것은 세 가지이니 "지

출에 관하여," "부에 관하여," 및 "이자에 관하여"이다. 그 중 대표적인 글 하나씩을 발췌하였다:

지출(支出)에 관하여: 부는 쓰기 위해 있는 것이며, 돈을 쓰는 목적은 명예와 선행을 위함이다. 조그만 경비를 절약하는 것은 조그만 이익을 위해서 몸을 굽히는 것보다 낫다.

부(富)에 관하여: 부는 덕성의 장애물이다. 부자가 되는 길은 여러 가지가 있으나 그 대부분은 추악하다.

그리고 **이자**(利子)에 관하여는 대부분 고리대금업자를 부당하고 추악한 착취자로 취급하고 있다. 오늘날과 같은 금융기관이 없던 당시로서는 고리대금업이 금융업을 대신했던 것으로 생각되나 베이컨은 그것을 심하게 비난했다.

가장 필요하면서도 가장 위험한 것, 가장 귀중하면서도 가장 천한 것, 그리고 가장 내 것인 것 같으면서도 실은 내가 아닌 남을 위해 대부분 사용되는 것, 그것이 곧 돈이다. 그러나 사람들은 돈을 위해 필요 이상의 정력을 사용하며 때로는 양심과 인격마저도 헌신짝처럼 벗어 던진다.

아무리 총명하고 지혜 있는 사람이라도 한 번 돈 앞에 머리를 숙이면 돈의 노예가 되어 인격과 돈을 바꾸게 되는 것 같다. 이것이 바로 베이컨이 몸소 보여준 교훈이 아닌가. 그 모든 부정과 배반과 위선에도 불구하고 베이컨의 철학과 사상은 예리한 관찰과 조리 있는 설명과 해학으로 말미암아 우리의 메마른 삶에 풍성한 지혜와 여유를 가져다준다.

참된 신앙

버트란드 러셀의 「나는 왜 기독교인이 아닌가」에서

※

　근래에 어떤 소책자에서 이런 이야기를 읽었다: 입학시험을 치른 네 학생이 용하다는 점쟁이를 찾아가서 "우리 중에 누가 합격되겠습니까?" 하고 물었다. 그러자 점쟁이는 대뜸 손가락 하나를 내밀었다. 네 학생은 그것을 그들 넷 중 하나만 합격할 것이라는 말로 생각하고 실망하여 돌아갔다.

　며칠 후에 합격자 발표가 있었고, 정말 그들 넷 중에서 하나만 합격되었다. 시험에 합격한 학생은 너무나 놀라워서 다시 그 점쟁이를 찾아가 어떻게 그렇게 정확하게 알아맞힐 수 있었느냐고 물어 보았다. 점쟁이는, "만약 둘이 합격하면 이분의 일이라는 의미로 해석하고, 셋이 합격하면 하나가 떨어진다는 의미로, 다 합격하면 하나같이 합격될 것이라는 뜻이지"라고 말했다고 한다.

　오늘날 기독교 일각에도 이와 같은 자아류(自我流)의 성경 해석이 유행하고 있다. 현혹되지 않으려면 진리를 옳게 분별 할 판단력이 필요하다. 신앙을 바로 알고 바로 지키기 위해서는 비판 세력에 대응할 수 있는 면역력을 기르고 믿음의 토대를 튼튼하게 해야 할 것이다.

영국의 사상가요 철학자이며 세계적 석학 버트란드 러셀 경의 「나는 왜 기독교인이 아닌가」는 기독교인들이 반드시 읽어야 할 책이다. 러셀은 기독교 문화 가운데서 교육받고 성장했으면서도 자신을 성장시킨 그 문화에 도전하여 자신이 기독교인이 아니라고 스스로 천명하였다. 우리는 그가 제시하는 이유에 대해서 문제의식을 가져야 한다. 그는 왜 자신이 기독교인이 아니라고 선언 했을까?

이 책에는 그의 방송 설교와 강의록, 간단한 수상 등 열세 편의 글이 수록되어 있다. 필자는 그 중 첫 번째 글만 읽고자 한다. 그는 기독교를 철학적 논리적으로 이해하는 데 대한 난해점과 비합리성을 지적한 후에 그 공격의 화살을 예수 그리스도의 가르침으로 돌렸다. 그는 예수의 교훈을 높이 평가 하면서도 그의 교훈을 공·맹자와 고대 그리스 철학자들의 교훈을 되풀이하거나 조금 진보한 것에 불과하다는 입장을 취했다. 그가 지적한 기독교의 허상을 검토해 보기로 하겠다.

첫째로, 그는 예수 그리스도는 화를 잘 내는 인격상의 결함을 가졌다고 주장한다. 그 예로, 그는 예수께서 지옥에 대하여 강론할 때 그 말을 믿지 않는 이들을 향해서 심하게 꾸짖은 사건을 들었다. 러셀은 그런 경우에 소크라테스였다면 그렇게 화를 내지는 않았을 것이라고 말했다.

둘째로, 러셀은 기독교의 하나님과 그와 관련된 모든 교리는 미래에 대한 두려움으로 가득한 겁쟁이들이 꾸며낸 허구에 불과하다고 말했다. 그 예로써 사무엘 버틀러의 「에리휜」 이야기를 들고 나왔다.

에리휜이라는 곳에 히그스라는 사나이가 살았다. 어느 날 그는 기구를 타고 그 나라를 떠나 세계 이곳저곳으로 떠돌아다니다가 20년이 지나서 다시 본국으로 돌아갔다. 본국에 도착한 그에게는 참으로 깜짝 놀랄 일들이 그를 기다리고 있었다. 그가 고국을 떠난 사이에 그는 에리휜의 신이 되어 있었으며, 그날은 그의 승천 20주년을 맞는 성대한 축제일이었던 것이다. 그것은 그 나라의 유명한 두 교수 행키와 팽키가 에리휜 사람들의 정신교육을 위해 히그스를 승천한 신으로 만들어 놓았기 때문이었다. 히그스는 자신도 모르게 태양의 아들이 되어 있었다.

히그스는 화를 내면서, "나는 이 엉터리 수작을 모두 폭로하고 에리휜 사람들에게 바로 내가 히그스요, 나는 당신들과 똑같은 사람에 지나지 않소" 하고 외치겠다고 소리쳤다. 그러자 행키와 팽키 두 교수는, "그래서는 안 됩니다. 이곳의 모든 도덕은 이 신화를 중심으로 얽혀 있기 때문에 만약 사람들이 당신이 승천하지 않은 것을 알게 된다면 곧 악한 무리가 되고 말 것입니다" 하고 말했다.

러셀은 기독교 신앙도 알고 보면 이와 같은 것이라고 주장한다. 또한 그는 기독교는 인간의 행복과는 아무런 관계도 없는 행동규범을 정해 놓고 사람들에게 실천을 강요하기 때문에 사람들이 오히려 종교의 피해를 입는다고 말했다.

기독교든 불교든 종교가 그 사회에서 신뢰받기 위해서는 성직자를 비롯한 종교인이 종교의 참뜻에 충실해야 한다. 그러나 종교가 사회 부조리를 정화하기는커녕 오히려 그것을 조장할 정도로 부패하면 종교에 대한 불신이 일어나기 마련일 것이다. 그렇지만 러셀의 기독교 불신은 기독교 자체나 성직자의 문제가 아닌 그 자신의 내부에서부터 일어난 회의인 것 같다. 러셀의 주장처럼 과연 기독교가 역사상 일어난 일도 없는 꾸며낸 이야기로 인류를 속이고 있는 종교일까? 아무래도 이 문제만은 러셀이 잘못 생각하고 있음이 분명하다. 그럼에도 불구하고 기독교인들이 그의 책을 읽어야 하는 것은 반성과 아울러 비판과 반대 세력에 대한 대응 논리를 가지기 위해서이다.

시를 읽는 기쁨

윤동주의 「하늘과 바람과 별과 시」

꧁꧂

오늘날과 같이 복잡다단하고 메마른 생활 속에서 시를 읽을 수 있다는 것은 얼마나 다행한 일인가? 글을 읽고 읽은 글에 대해서 생각하고, 그것이 무엇이든 간에 좀 써봐야겠다고 책상 앞에 앉는 것은 결과 여하간에 가치 있는 일이다. 진정하고 차분한 마음이 아니고서야 어떻게 한 줄인들 글을 쓸 수 있으며, 또 읽을 수 있으랴.

윤동주 시인의 짧은 생애와 그의 시 한 편을 감상하고자 한다. 윤동주는 1917년 북간도에서 출생하여 평양 숭실학교를 거쳐 연희전문학교에서 수학하였다. 일본으로 건너간 그는 입교대학을 거쳐 동지사대학에서 영문학을 공부하다가 1943년 사상범으로 일본 경찰에 체포되어 2년형 언도를 받고 복역하던 중 1945년 2월에 옥사하였다. 그의 시집 「하늘과 바람과 별과 시」는 그의 유작들을 한 데 모아 1955년에 출판된 것이다.

그는 27세의 꽃다운 청년으로 이국의 감옥에서 쓸쓸하게 운명했으나 우리는 그의 시집 페이지마다에서 민족을 사랑하는 그의 따스한 숨소리를 듣는다. 후쿠오카 형무소의 차가운 마루 바닥도 죽어가는 한 시인의 뜨거운 마음만은 식히지 못했다.

서시

죽는 날까지 하늘을 우러러
한 점 부끄럼이 없기를
잎새에 이는 바람에도
나는 괴로워했다.
별을 노래하는 마음으로
모든 죽어가는 것을 사랑해야지
그리고 나한테 주어진 길을
걸어가야겠다.
오늘 밤에도 별이 바람에 스치운다.

(1941. 11. 20)

우리는 이 짧은 시에서 무엇인가 우리의 가슴을 내려누르는 듯 한 느낌을 가지게 된다. 젊은 시인 윤동주는 자신의 인생관, 더 명확하게 표현해서 자기의 갈 길을 알고 있었으며, 그 길만이 진리라는 확신을 가지고 있었던 것 같다. 그의 이와 같은 확신은 그의 시 "자화상"에서 더욱 분명하게 나타난다.

산모퉁이를 돌아 논가 외딴 우물을 홀로 찾아가선
가만히 들여다봅니다.
우물 속에는 달이 밝고 구름이 흐르고 하늘이
펼치고 파아란 바람이 불고 가을이 있습니다.

그리고 한 사나이가 있습니다.

어쩐지 그 사나이가 미워져 돌아갑니다.

돌아가다 생각하니 그 사나이가 가엾어집니다.

도로 가 들여다보니 사나이는 그대로 있습니다.

다시 그 사나이가 미워져 돌아갑니다.

돌아가다 생각하니 그 사나이가 그리워집니다.

우물 속에는 달이 밝고 구름이 흐르고 하늘이

펼쳐지고 파아란 바람이 불고 가을이 있고

추억처럼 사나이가 있습니다.

(1939. 9)

그 어떤 시인의 시가 그렇지 않을 리 있으랴만, 특히 윤동주의 시는 독자를 사로잡고 독자로 하여금 시와 시인에 대해 깊은 연민에 빠지게 한다. 이것은 그의 글 쓰는 재주가 뛰어나서가 아니라 그가 진실한 마음으로 글을 썼으므로 읽는 이들이 그 진실성에 감동되기 때문일 것이다.

오늘 우리들의 시에서도 공감과 진실성이 보였으면 좋겠다. 누구나 마음만 먹으면 시인이라는 명함을 가질 수 있는 나라, 시인이라는 이름을 훈장처럼 들고 다니는 나라에서 시인의 진실성을 이야기 하는 것이 사치 같이 생각되기도 한다. 시인이 되려하지 말고 독자가 되어주면 좋겠다.

사람다운 사람

카알 야스퍼스의 「철학적 신앙」에서

※

사람들은 뜻밖의 불행을 당할 때마다 내가 왜 이런 불행을 당해야 하는가 하고 분노하고 억울해 한다. 최근에 나는 불의의 사고를 당해서 병원에 입원해 있는 지인을 방문해서 위로한 일이 있었다. 그는 자신의 생애에서는 이렇다 할 사고나 불행을 당해 본 일이 한 번도 없었다고 했다. 그에게는 자신이 당한 조그마한 교통사고 하나가 자신의 삶 전체에 대한 지금까지의 생각을 바꿀 만큼 충격적인 것이었다.

그는 병원침대에 누워서 비로소 다른 사람의 처지에 대해서도 관심을 가지게 되었으며, 또 자신이 그들보다 더 큰 불행에 떨어질 수도 있다는 사실을 깨닫게 되었다고 했다. 그래서 그는 난생 처음으로 자신의 기독교 신앙에 대해서도 새롭게 생각하기 시작했다.

사실, 기독교인들 중에는 믿음의 의미조차 모르는 이들이 적지 않다. 믿음은 홀로 간직하는 것이 아니라 나누고 펴는 것이다. 영국의 극작가 버나드 쇼오(Bernard Show)는 바로 이런 취지에서, "한 발자국도 천국 밖으로 나가려 하지 않는 이들을 조심하라"고 말한 것 같다. 기독교 일각의 배타주의와 독선을 가장 증오한 사람 중의 하나가 곧 카알 야스퍼스(Karl Jaspers, 1883-1969)이다. 그는 원래 정신병리학을 공부했으나 니체와 키에르케고르 등과 만나는 동안 그들의 철학에 매력을 느끼고 학문의 방향을 바꾸어 마침내 실존철학 분야에서 빼놓을 수 없는 위대한 학자가 되기까지 했다.

여기 소개하는 책은 그가 1947년 스위스 바젤대학에 초청 받아 강의한 일곱 편의 강의록을 완역한 것이다. 우리의 전통, 우리의 믿음, 우리의 방식, 그리고 우리의 신앙에 대해서 깊이 생각하고 재평가해 보아야 할 필요성을 느끼는 사람이라면 이 책을 한번 읽는 것이 좋을 것 같다. 이 책의 역자는 사색가로서의 야스퍼스의 이상과 신앙을 이렇게 표현하였다:

> 야스퍼스는 나치즘의 박해 속에 살면서 기독교의 배타적인 계시 신앙과 미신화 된 과학주의에서 생긴 유럽의 허무주의에 환멸을 느끼고 본래적인 신앙에 이르는 참된 철학의 길을 밝히려고 하였다. 그에 의하면 인간은 독립적 주체이지만 초월자와의 관계 안에서만이 독립된 실존으로서의 자유를 온전히 누릴 수 있는 존재이다. 그는 절대자에 대한 신앙은 인간 존재의 출발점이자 근본이라고 주장했다.

저자는 이 책을 통해서 '인간의 신격화'를 경고했다. 오늘날은 개신교회에서조차 지나치게 사람을 존경하고 온갖 찬사를 아끼지 않는 것을 자주 목격한다. 기독교 지도자 가운데는 과거에 위대한(?) 깡패였던 사람, 죽을병에 걸렸던 사람, 아주 가난했던 사람, 그리고 또 이런저런

131

일로 악명이 높았다가 개종한 사람들이 많다. 그들이 신앙인으로 귀의한 것은 더할 나위 없이 복된 일이지만, 예배 중에 그들의 과거와 현재를 소개하면서 과거의 범죄나 과오가 훈장이나 되는 것처럼 칭송 하는 것은 삼가야 할 일이다. 야스퍼스는 이러한 경향을 다음과 같이 경고하였다:

> 결국 인간의 신격화는 근본적으로 귀신론의 일종이다. 신을 믿지 않는 사람들이 귀신들을 초월처럼 생각하면서 그들에게 매달렸던 것처럼 오늘의 교회는 인간에게 매달려서 그들을 신격화하고 있다.

야스퍼스의 견해에 의하면 신격화된 인간은 곧 우상이며 사탄이다. 교회에서는 학문이나 명예나 지위가 존경받아서는 안 된다. 교회에서는 오직 예수 그리스도만이 예배와 공경의 대상이 되어야 한다. 하나님께서는 신과 비슷한 인간을 원하시는 것이 아니라 사람다운 사람을 원하신다.

교회는 비판 없이 받아들인 신앙에서 깨어나 신앙의 대상과 예배의 성격을 반성해야 한다는 것이 야스퍼스의 주장이다. 고금동서를 막론하고 교회의 세속화 과정은 동일해 보인다.

늙은 철인의 지혜

소크라테스의 「대화록」에서

⊱✵⊰

소크라테스(B.C. 470-399)는 조각가인 아버지와 조산원인 어머니 사이에서 태어난 그리스의 불세출의 철학자였다. 그는 젊은 시절부터 길거리에 나가서 젊은이들을 모아 놓고 진리를 가르치기 시작했다. 당시의 그리스에는 이곳저곳에서 수많은 궤변가들이 나타나 젊은이들을 상대로 독설과 궤변을 일삼고 있었다. 소크라테스는 젊은이들의 마음에 잘못된 가치관을 넣어주는 소피스트들의 궤변을 묵인할 수 없었다.

소크라테스는 분연히 일어나 30년 동안 청년들을 올바르게 지도하는 일에 헌신하였다. 그의 인격과 가르침은 당시의 젊은이들에게 많은 감화를 주었다. 그러나 상대적으로 그를 시기하는 사람들도 날로 많아져서 청년들을 그릇 인도하고 국가의 신을 신봉하지 않는다는 죄목으로 고발되어 국가로부터 사형을 선고받고 독배를 마시게 되었다. 그때 그의 나이가 70세였다.

그가 처형되기 직전에 유언을 묻는 관리에게 이웃집에서 꾸어온 닭 한 마리를 갚아달라고 한 것은 유명한 일화가 되었다. 여기 수록된 「대화록」은 소크라테스의 제자였던 플라톤이 남긴 25편의 대화편 중에서,

흔히 플라톤의 '4대 복음서'라고 말하는 "소크라테스의 변명," "향연," "파이돈," "크리톤" 등 네 편과 궤변가들과 덕의 문제를 토론한 "프로타고라스"를 합쳐 다섯 편이다.

번역자가 후기에서 설명한 대화의 내용을 요약하였다:

변명: 70세의 소크라테스가 수감 중에 자신의 결백을 주장하는 내용의 글이 담겨 있다. 변명의 요점은 사람은 영혼을 소중히 여기고 지혜를 사랑하면서 인간답게 살아야 한다는 것이다. 그의 고매한 인격이 나타난 글이다. 그러나 결국 그는 아테네 시민으로 구성된 배심원들에게 유죄 판결을 받게 된다.

파이돈: 여기에는 인간의 행동과 관련된 윤리문제가, 개인과 국가 두 입장에서 설명되었다. 소크라테스는 여기서 그의 어릴 때부터의 친구이며 큰 부자였던 크리톤과 숨김없는 대화를 나눈다. 이 대목은 옥에 갇혀서 죽음을 기다리고 있는 죄수가 자신을 시험대 위에 올려놓고 하는 말이기 때문에 더욱 감명 깊다. 그는 사형이 집행되는 날 아침에 감옥에 찾아와서 탈옥 준비가 다 되었다고 하면서 외국으로 탈출할 것을 권고하는 크리톤의 제안을 거절하고 사약을 받았다.

향연: "향연"은 그리스어로 '함께 마시다'는 의미이다. 여기에 수록된 이야기는 소크라테스의 제자 아폴로도로스가 스승에게서 들은 이야기를 옮겨 쓴 것으로써, 내용은 아테네의 비극 작가 아가톤에게 베푼 향

연에 대한 이야기이다. 이와 같은 향연은 당시 그리스 사회에서 널리 유행되던 것으로 그들은 먹고 마시면서 삶과 진리, 내세와 신에 대한 생각을 나누곤 했다. 이것은 문학 작품으로서도 높이 평가된다.

프로타고라스: 당대의 노 궤변가 프로타고라스와 37세 전후의 젊은 소크라테스가 덕(德)에 대하여 토론한 딱딱한 윤리적 기록이다. 이 역시 훌륭한 문학 작품으로 인정받고 있다.

소크라테스는 저서를 남기지 않았으나 그의 제자 플라톤과 아폴로도로스 등이 스승의 가르침을 더듬어 기록한 것이 이런 작품들이다. 소크라테스가 배심원들에게 유죄 판결을 받을 때 참관했던 플라톤은 나이 28세의 청년이었다고 한다. 그는 도리를 아는 제자였다.

"너 자신을 알라"는 말로 더욱 잘 알려진 철인 소크라테스는 그의 글을 읽는 이들에게 삶의 의미를 깨우쳐 준다. 일생을 청년들과 조국을 위해서 살았던 그의 숭고한 정신은 오늘날 우리들에게도 많은 것을 생각하게 한다. 대화의 단절은 결과가 끔찍한 것인 만큼 중요하다하겠다. 우리는 소크라테스 같은 스승을 필요로 하는 시대에 살고 있다. 위대한 스승은 갔으나 그의 가르침은 남아서 읽고 따를 독자를 기다리고 있다.

육체보다 강한 정신

김정준의 「약하지만 강하다」에서

⇌⩜⇌

수필은 대게 형식에 얽매이지 않고 붓 가는 대로 자유스럽게 쓴다. 그러나 그런 글일수록 깊은 사색과 자연스러운 전개와 매력적인 표현을 필요로 한다. 그래서 수필을 쓰고, 또 그 쓴 것을 지상에 발표하거나 책자로 내는 이들은 문학의 그 어떤 장르에 속한 이들보다 필치가 아름답고 부드러운 가운데서도 독자에게 전하고자 하는 뜻이 분명하게 나타낸다.

근래 우리 출판가는 책의 홍수를 이루고 있다. 문학인들뿐 아니라 신앙인과 실업가, 과학자, 교육자 할 것 없이 모두가 앞 다투어 책을 펴낸다. 나는 주로 내가 좋아하는 수필가들의 책만을 골라서 읽는 편이다. 그 중 고 김소운 선생의 「토분 수필」과 정태시 선생의 「작은 일들」이 가장 기억에 남는다.

김소운이나 정태시의 수필을 읽으면 많은 공감과 부끄러움을 느낀다. 그들의 수필은 엄숙하여서 잔꾀가 통하지 않고 거짓이 용납될 행간이 없다. 그들은 신앙인은 아니었지만 신앙인들을 부끄럽게 하는 아름답고 진실된 글을 썼다.

김정준은 육체적으로 매우 허약했다. 30세에 이미 결핵을 심하게 앓았고 심장도 극도로 나쁜 상태에 있었다. 필자는 1977년부터 통일 찬송가 가사 수정과 편찬 준비를 하면서 직원들이 다 퇴근한 늦은 저녁 시간에 종로 2가에 있던 대한기독교서회 사무실 6층에서 선생님을 자주 뵈었다. 그때 선생님은 심장에 부담이 되어 4층 이상은 걸어 오를 수 없어서 6층에 있는 작업실에 올라갈 때는 특별히 부탁해서 승강기를 타고 올라가거나 힘 센 위원이 업고 올라간 일이 종종 있었다. 그는 1975년에는 네 번이나 입원하여 가까스로 죽을 고비를 넘겼으며 한 번은 임종한 것으로 생각하고 시트를 덮은 일까지 있었다고 한다.

나는 그분을 통해서 삶의 의지가 육체보다 강함을 실감했다. 그가 목사와 교수, 문필가와 신앙인으로서 집필했던 길고 짧은 글을 모아 펴낸 책이 수필집 「약하지만 강하다」이다. 저자 서문 몇 행을 여기 옮긴다:

> 나는 내가 남에게 본이나 교훈을 줄 만한 깊은 신앙 체험을 가졌다고는 생각하지 않는다. 다만 남다르게 여러 가지 병으로 폐장과 심장의 고장을 일으켰고 내 몸이 늘 약하다 함을 알고 있다. 또 이 약함 때문에 바울의 말씀을 깊이 새겨듣고 감동을 받고 있다.

그는 고린도후서 12장 9절의 말씀을 인용하였다: "내 은혜가 네게 족하도다 이는 내 능력이 약한 데서 온전하여짐이라 하신지라 이러므로 도리어 크게 기뻐함으로 나의 여러 약한 것들에 대하여 자랑하리니".

그는 자신의 신앙을 이렇게 표현하고 있다:

"나는 결코 바울과 같은 신앙 체험도 가지지 못했고, 또 감히 비교할 수도 없지만 내 병고로 말미암아 약함을 느낄 때마다 나는 이 말씀을 기억하고 힘을 얻는다. 나를 육체의 건강에 비유한다면 나는 깨어진 바가지 같은 사람이다. 깨어진 조각을 하나님의 은혜의 풀로 붙여서 조심스럽게 쓰고 있는 형편이다. 바울은 질그릇 같은 우리 몸 속에 보물이 담겨 있다고 했지만(고후 4:7 참조) 나는 이 깨어지고 금간 바가지 속에 예수 그리스도를 믿는 은혜의 감격과 그를 위하여 부름받은 종으로 일해 올 수 있게 된 것이 다만 은혜의 손길임을 믿고 감사하고 있다."

이 책에는 젊은이와의 대화, 바보의 자랑 등 크게는 여섯 부분으로 나누어서 전부 60편의 글이 수록되었다. 우리는 이 책에서 저자의 인생관, 투병기, 학문, 사상, 믿음 등 그에 대한 모든 것을 볼 수 있다. 육체는 '정신'을 담고 있는 그릇이다. 김정준은 정신력으로 육체를 극복한 큰 선생이셨다.

영원한 수수께끼

H. 홉킨스의 「고난의 비밀」에서

✦

'인생은 고해' 라는 옛말이 있다. 이것은, 예나 지금이나, 인간의 삶은 고난의 연속이라는 의미에서 나온 말일 것이다. 고대로부터 철학자와 사상가들은 이 문제의 답을 얻기 위해 생애를 바치기도 했다. 인간은 태어나서부터 죽을 때까지 삶의 구비마다 고난의 문을 통과해야 한다. 석가모니가 수행과 방랑의 길을 떠난 것도 이 문제를 해결하기 위해서가 아니었던가.

영국의 시인 키플링은 고난의 문제에 대하여 재미있는 우화 하나를 남겼다:

농부의 써레 밑에 깔려서 공포에 떨고 있는 두꺼비가 있었다. 그 위로는 나비 한 마리가 가볍게 날아다니고 있었다. 나비는 울상을 짓고 떨고 있는 두꺼비를 향해 딱하다는 듯이 이렇게 말했다. "두려워 말아요. 그리고 만족하며 살아요."

사람이 각각 당하는 고난은 대게 다른 사람은 이해하기 어렵다. 욥의 고난을 이해한 사람이 어디 있었는가? 그의 아내와 그의 가까운 친구들과 그의 수많은 종복들도 그를 이해하지 못했다. 공중을 날아다니는 나비가 땅에 엎드려 사는 두꺼비의 공포를 어찌 이해할 수 있으랴!

영국의 시인 테니슨은 고난의 문제는 조물주도 해결해주지 못한다는 의미의 자조적(自嘲的) 시를 남겼다. 그가 이런 시를 쓴 것은 신심(信心)이 약해서가 아니라, 도움을 구하는 간절한 탄원이었을 것이다.

> 그들은 살며시 미소 짓고 있네
> 황무지와 충해와 기근과
> 역병과 지진
> 노호하는 파도와
> 불같은 백사장
> 처절한 싸움, 불타는 도시,
> 침몰하는 배와
> 기도하는 손을 내려다보면서

하박국은 고요한 밤 성루에 올라가서 하나님께 고난을 주시는 이유가 무엇이냐고 항변했다. 그에게는 의인은 고통당하고 악인이 흥하는 것이 커다란 의문이요 불만이었다.

고통은 사람을 절망하게 하고 난폭하게 하며 때로는 인생을 포기하게도 한다. 고난과 시련을 극복하는 방법은 피차의 고통을 이해하고 감싸주는 태도일 것이다. 바울은, "자기도 함께 갇힌 것 같이 갇힌 자를 생각하고 자기도 몸을 가졌은즉 학대받는 자를 생각하라"고 말했다(히브리서 13:3). 이해와 선린과 적극적 삶의 자세야 말로 고난을 극복하는 비결이 아닐까.

근세 실용주의 철학자 밀(James S. Mill)은 사람이 받는 고통은 인류가 저지른 악행에 대한 보응이라고 말했다. 고난의 원인이 무엇이건 사람에게는 그것을 극복할 수 있는 능력이 주어졌다. 하나님께서 시련을 주실 때는 반드시 그것을 이겨낼 수 있는 힘도 주신다는 것이 바울의 권면이다.

언젠가 우리 인생의 문을 밀고 들어올 고난이라는 침입자에 대비하기 위해 「고난의 비밀」을 읽어두는 것이 어떨까. 지혜의 샘물을 마시고 용기 있는 삶을 도전 받기 바란다.

마음의 고향을 찾아서

윌리엄 예이츠의 「호도 이니스프리」

나는 가련다. 곧 떠나련다.

이니스프리로

거기서 흙과 나무로 작은 오두막을 짓고,

아홉 이랑 밭을 갈고

나는 한 통의 꿀벌을 치며

벌떼 윙윙거리는 수풀 속에서

혼자 살련다.

그리하여 내 마음은 고요히 안정되고,

아침 안개, 저녁 귀뚜라미 소리에 평화는 찾아오고

밤에는 으스름 달

낮에는 푸른 그늘

해질 무렵에는 수많은 새들이 날아와

우짖을 것이다.

자나 깨나 산기슭을 치는

저 나직한 물결 소리

내 길을 갈 때나

해 저무는 길에서나

아, 가슴 속 깊은 곳에

스며드는구나.

예이츠의 "이니스프리"는 시를 사랑하는 사람이면 누구나 한 번은 읽은 시일 것이다. 이 시를 쓴 예이츠(William B. Yeats, 1865-1939)는 그의 인생 말년부터 작품을 인정받기 시작해서 그가 작고한 후에는 위대한 시인으로 평가 받기에 이르렀다.

"이니스프리"는 그의 초기 작품에 속하는 것으로서 비평가들에게 높이 평가받을 수 있는 작품은 못 되었다. 예이츠 후기의 시인 그레이브스 같은 이는 이 시를 '얼빠진 사람의 시'라고 혹평했으며 예이츠 자신도 이 시를 매우 부끄러워했다고 한다. 그러나 흥미로운 것은 시인 자신과 비평가들이 혹평한 시가 독자들에게는 감명 깊게 읽혀졌다는 사실이다. 이 시는 아일랜드의 농부들 사이에 전해 내려오던 전설을 시인의 상상 속에 있는 섬 "이니스프리"와 연관시켜 쓴 것이다.

세상 사람들 가운데 이상향을 꿈꾸지 않는 사람은 드물 것이다. 갑갑하고 우울한 현실 세계를 벗어나서 모든 것을 훌훌 떨치고 멀고 먼 미지의 세계로 떠난다. 그곳이 사람이 살지 않는 섬이라면 더욱 좋다. 산기슭에 작은 오두막을 짓고 밭을 일구고 벌을 친다. 그리고는 벌들이 잉잉거리는 숲에 누워 자연을 숨쉬다. 이것은 가히 무릉도원을 동경한 도연명과 통하는 유유자적이다.

사람은 누구나 꿈을 가지고 있으며 현실에서 얻지 못하는 것을 꿈속에서 얻으려고 한다. 독일의 민요시인 칼 부세(Carl Busse)는 "산 넘어 저쪽"이란 짧은 시에서, 산 넘어 먼 곳에 행복이 있다는 사람들의 말을 듣고 행복을 찾으러 갔던 사람이 눈물을 흘리며 빈손으로 돌아 왔다는 이야기를 시로 표현했다.

이니스프리는, "나는 가련다. 곧 떠나련다"로 시작된다. 다음 연 첫 행은, "그리하여 내 마음은 고요히 안정되고…"라고 하여 자연의 즐거움을 만끽하겠다는 부푼 꿈을 소개하고, 셋째 연에서는 이니스프리를 동경하는 자신의 마음이 얼마나 절박한가를 보여준다.

> 자나 깨나 산기슭을 치는
> 저 나지막한 물결 소리.
> ……
> 해 저무는 길에서나
> 아, 가슴 속 깊은 곳에
> 스며드는구나.

시인의 마음은 이미 이니스프리에 가서 산기슭을 치는 물결소리를 듣고 있다. 그 소리는 시인의 가슴 속 깊은 곳까지 스며든다. 번잡한 세상살이에서 삶의 의미 같은 것을 생각할 겨를조차 없이 사는 사람들, 마음에 상처를 입고 현실로 복귀할 용기를 잃은 사람들, 그런 사람들이 있으므로 세상에는 이니스프리가 필요할 것이다.

잠시 긴박한 현실을 떠나 산기슭의 물결소리가 찰랑거리는 이니스프리로 떠나 보자. 그러나 닻은 현실이라는 항구에 단단히 매어 놓아야 한다는 사실을 잊지 마시기를!.

반항하는 세대

장 콕토의 「무서운 아이들」

⋙※⋘

가을 채소를 거둬들인 다음에는 보리를 파종한다. 내가 초등학교를 들어가던 해였던가, 어느 해 초겨울에, 보리를 파종하고 며칠이 지나지 않아 눈이 내리기 시작했다. 그 해 따라 날씨가 춥고 눈이 많이 내려서 초겨울에 내린 눈이 겨우내 녹지 않고 보리밭을 덮고 있었다. 나는 늦가을에 뿌린 씨앗이 눈 속에서 다 얼어 죽었을 것이라고 생각했다. 그런데 아직 찬바람이 쌩쌩 부는 어느 이른 봄날, 무심코 보리밭을 바라보던 내 입에서 나도 모르게, "아!" 하는 탄성이 터져 나왔다. 얼어 죽은 줄 알고 있었던 보리밭 이랑마다 파란 싹이 나서 넓은 서악(西岳) 들판을 새파랗게 물들여놓지 않았는가!

장 콕토는 1899년 파리에서 출생한 예술의 천재이다. 그는 시와 소설과 평론과 연극, 영화 등 예술의 모든 분야에서 뛰어난 재질을 발휘하였다. 「무서운 아이들」(1926)은 저자가 저술에 전념함으로써 아편중독을 치료하기 위해 단 17일 만에 쓴 작품이라고 한다. 그 내용은 대략 다음과 같다.

뽀올과 엘리자베드 남매는 파리에서 중학교에 다닌다. 그들에게는 제라르라는 가까운 친구와 뽀올의 경쟁자이면서도 서로를 존경하는 다르줄로라는 또 한 친구가 있었다. 뽀올과 엘리자베드와 제라르는 학교가 끝나면 곧장 뽀올 남매의 집으로 가서 이해할 수 없는 일을 한다.

그들은 이상스러운 습관을 가지고 있어서 그들의 방에는 남이 보기에는 한 푼의 가치도 없는 쓰레기 같은 물건들을 진열해 놓고, 만날 때마다 입에 담지 못할 욕설을 퍼부으면서 싸운다. 그렇다고 해서 그들이 서로를 미워하는 것은 아니었다. 그들은 외부 세계와는 완전히 단절되어서 세 사람만의 세계에서 살고 있었다.

그들이 청년이 되었을 때 부자 유태인 청년 미카엘과 아카드라는 소녀가 그들의 삶에 끼어든다. 미카엘은 엘리자베드와 결혼했으나 막대한 유산을 남기고 일찍 죽고 만다. 그러나 그들은 재산에 대해서는 전혀 관심이 없었다. 그들의 친구 제라르가 아카드라는 소녀와 결혼하여 함께 집을 나간 후, 소년시절의 친구 다르줄로에게서 선물 소포가 왔다. 그들에게 온 선물은 독약이었다. 그것은 뽀올이 소년시절부터 가지고 싶어 하던 것이기도 했다. 이 두 남매는 그것을 가지는 것만으로는 만족할 수 없어 그것을 먹고 자살했다. 그들이 자살한 원인은 아무도 알 수 없었다.

일찍이 톨스토이는 "모든 사람을 사랑하라. 그러나 그 백배나 아이들을 사랑하라"고 말했다. 식물이 성장하기 위해서 태양광선을 필요로 하듯이 어린이는 사랑을 필요로 한다. 어린이는 이 세상 그 어떤 사람이

창안한 새로운 교육 방법보다 사랑을 필요로 한다. 뽀올과 엘리자베드, 제라르와 다르줄로, 그들은 다 총명하고 용기도 있었고 삶의 의미를 찾으려고 노력도 해보았다. 그러나 그들의 실패한 것은 사랑을 받을 줄 몰랐고, 또 그것을 남에게 주려고 생각해 본 일도 없었기 때문일 것이다.

성인들에게 주어진 지상명령은 어린이의 마음에 사랑의 씨앗을 심어주는 것이다. 그러면 긴 겨울이 지난 다음 봄이 올 때, 그들의 마음에 뿌려진 씨앗에서 싹이 나고 꽃이 필 것이다.

그리고 그들은 그들이 그처럼 싫어하고 뛰쳐나가고 싶어 하던 '가정' 과 '사회' 가 보리밭의 눈처럼 그들을 덮어준 따뜻한 이불이었음을 깨닫게 될 것이다. 우리가 만난 소년·소녀들을 '무서운 아이들' 이 되도록 방치해서는 안 되겠다.

두 개의 막대기

프란츠 카프카의 「단식광대」 중 "최초의 고뇌" 에서

카프카는 1883년 프라하에서 출생하여 상업과 사법 및 보험 분야의 일을 하다가 1924년에 41세에 폐결핵으로 세상을 떠난 작가이다. 그의 대표작으로 알려진 「성」과 「변신」은 소외된 인간의 고뇌를 깊이 파헤쳐 주는 작품이다. 우리가 감상하고자 하는 "최초의 고뇌"는 그가 1922년 독일에서 출판한 「단식광대」라는 이름의 책에 포함된 단편이다.

"최초의 고뇌"는 단순한 구성과 쉬운 문체에도 불구하고 우리에게 심각하고 절실한 문제를 던져준다. 이 작품에는 한 가지 일밖에 모르고 인생을 살아가는 순진하면서도 오만한 공중 곡예사를 통해 가진 자와 그것을 얻으려는 자 사이의 미묘한 감정이 그려져 있고, 직업적으로 세련되고 또 그 세련된 기술을 이용하여 삶을 추구하는 곡예사의 소망이 잘 묘사되어 있다.

주인공인 공중 곡예사는 땅을 밟으려 하지 않는다. 그는 음식은 물론 휴식과 취침, 대소변을 다 공중에 매달린 그네와 줄 위에서 한다. 곡마단이 이동할 때는 단장이 아예 곡예사에게 객실 한 쪽을 치우고 줄과 그네를 매어 준다. 곡예사는 공연이 있을 때마다 기막힌 기술을 아낌없이 발휘해서 막대한 흥행 수입을 올려주기 때문에 단장은 그의 말이라면 무엇이나 즉시 승낙하지 않을 수 없다.

어느 날 이 곡마단은 기차 편으로 한 도시에서 다른 도시로 옮겨가게 되었다. 기차에서 그네에 올라 명상에 잠겨 있던 곡예사가 여자처럼 가는 음성으로 단장을 불렀다. 그는 단장에게 다음부터는 두 개의 그네를 이용해야겠다고 말했다. 단장은 속으로 매우 기뻤다. 그가 두 개의 그네로 새롭고 신비한 곡예를 연출해준다면 얼마나 좋을까! 단장은 조심스럽게 그렇게 하겠다고 허락해주었다. 그러자 곡예사는 갑자기 울기 시작했다. 단장은 의자 위에 올라가서 곡예사의 등을 쓰다듬으며 그를 달랬다. 좀처럼 입을 열지 않으려던 곡예사는 마침내 입을 열어, "막대기 하나만을 두 손에 쥐고 내가 인생을 살아왔단 말인가!" 하고 탄식했다.

단장은 즉시 도착지에 전보를 쳐서 그네를 하나 더 준비하게 했다. 단장은 오랜 세월을 그네 하나로 곡예사를 부려먹었다는 데 대해서 가책을 느낀다. 그리고는 자는 듯 창밖을 내다보고 있는 곡예사의 순진한 얼굴에 어느덧 주름이 진 것을 본다.

단장과 곡예사의 관계, 이것은 우리에게도 한번쯤 자신이 그 어느 편에 있는가를 생각해보게 한다.

「단식광대」는 예술가의 직업의식에 대한 대중의 오해를 말해준다. 어떤 곡마단에 40일 단식을 선전하며 그것으로 흥행을 하던 "단식광대"가 있었다. 그는 한 때 인기도 얻고 돈도 벌었으나 세월의 흐름에 따라 결국 감독과 대중에게서 소외되고 만다. 광대는 죽기 직전에 감독에게, "나는 그렇게 밖에 할 수 없었습니다. 왜냐하면 내 마음에 드는 음식이 없었기 때문입니다. 만일 그런 음식이 있었더라면 이렇게 세상을 떠들썩하게 하지 않고 당신과 모든 사람들처럼 배불리 먹었을 것입니다" 하고 말했다.

이것이 그의 진정이었는지 아니면 그가 가진 예술성의 외침이었는지는 모른다. 그는 다른 사람들처럼 현실을 현실로 받아들일 수 없었다. 그는 "마음에 드는 음식이 없었기 때문"이라 했지만 사실은 그가 본 모든 음식이 다 그에게는 하나같이 먹고 싶은 것이었을 것이다. 단식광대는 현실에 살면서도 다른 세계를 가지고 있었다. 때로 그는 먹고 싶은 것을 먹으며 살고 싶었지만 결국은 자신의 세계를 벗어나지 못하고 단식 중에 죽고 말았다.

"치워버려!"라는 감독의 말 한 마디에 광대의 시체는 들것에 실려 나가고, 광대가 살던 우리에는 표범이 대신 갇혔다. 이제 사람들은 더 이상 단식광대의 초라한 모습을 보지 않아도 되며, 넓은 우리를 좁은 듯 뛰어다니는 표범을 즐기게 된 것이다. 일꾼들은 쉴 새 없이 표범이 좋아하는 음식을 날라다 주었다.

곡예사는 또 하나의 그네를 요구하여 좀 더 나은 삶을 개척했으나 단식광대는 자신이 처한 상황조차 거부한 채 죽었다. 그는 왜 스스로 죽음을 선택했을까? 아마 그것은 한 사람의 예술가로서의 그의 자부심과 지조 때문이었을 것이다.

어떤 의미에서는 종교인도 예술가이다. 종교인이 종교적 신앙을 지키기 위해 죽는 것을 순교라 한다면, 예술가가 지조를 지키다가 죽는 것

도 하나의 순교일 것이다. 카프카는 단식광대가 갇혀 있던 우리에 들여
놓은 표범처럼 게으르고 아무 것이나 삼키려고 하는 욕심 많은 사람들
에게 크나 큰 교훈 하나를 던져주었다. 카프카가 지목한 욕심 많은 사람
들이 종교인이 아니기를 바랄 뿐이다.

운명이냐 우연이냐

J. P. 싸르트르의 「벽」

　파불로 이비에 따지는 스페인을 독재로부터 해방시키자는 반정부 운동에 가담했고, 군중대회 때마다 앞에 나가서 사람들을 선동했다는 죄목으로 스페인 경찰에 체포되었다. 파불로와 그의 두 동료는 함께 아무 장식 없이 하얗게 칠해진 방에 갇혔다. 그들은 처음에는 그곳이 감옥이라고 생각했으나, 후에 알고 보니 그곳은 감옥이 아니라 어느 종합 병원의 지하실이었다. 그들은 차례대로 심문을 받기 시작했다.

　"군수품 수송을 방해한 일이 있었는가?"

　"9일 아침에는 어디서 무엇을 했는가?"

　그러나 심문관들은 잡혀온 사람들의 대답은 들으려고도 하지 않았다.

　드디어 파불로 이비에타의 차례가 되었다.

　"당신이 파불로 이비에 따지인가?"

　"네"

　"라몽 그리스는 어디 있소?"

　그제야 파불로는 경찰의 관심이 어디 있는지 눈치 챘다. 경찰은 다른 문제에는 아무 관심도 없고, 오직 반정부 혁명 세력을 이끌고 있는 지도자 라몽 그리스를 체포하는 일에만 혈안이 되어 있었던 것이다. 심문이 끝난 뒤에 파블로는 복도로 안내되어 나왔고 거기에는 함께 반정부 운동을 하다가 끌려온 톰과 후앙이 간수들에게 둘러싸여 있었다. 그들이 또 어딘가로 끌려가는 중에 톰이 간수에게 물었다.

"조금 전에 우리가 받은 것이 심문이었나요, 재판이었나요?"

간수는 "재판이었지" 하고 간단하게 대답했다.

잠시 후에 그들에게는 모두 총살형이 선고 되었고 톰과 후앙은 얼마 후에 차례대로 총살되었다. 파블로는 처음으로 죽음에 대해서 생각하기 시작했다. 그러나 이상하게도 파블로는 처형이 보류되어 살아 남아 있었다.

그러던 어느 날 저녁, 열 명의 새 죄수들이 들어왔다. 그 중에 파블로가 잘 알고 있던 가르시아가 있는 것이 보였다. 가르시아가 먼저 파블로에게 말을 걸었다.

"살아서 만날 수 있으리라고는 생각하지 못했네."

"놈들이 내게도 사형을 선고했는데 무슨 이유 때문인지는 몰라도 생각을 고쳤나봐. 나도 왜 그런지 모르겠어." 파블로가 대답했다.

그러나 그 의문은 곧 풀렸다. 파블로는 죽기를 결심하고 그들의 지도자 그리스가 숨어 있는 곳은 자기 집이었음에도 불구하고 대신 그 지역의 공동묘지라고 대답했던 것이다. 경찰은 공동묘지를 수색할 때까지 파블로의 처형을 보류하고 있었던 것이다. 그러나 가르시아는 파블로에게 그리스가 오늘 아침에 은신처를 파블로의 집에서 공동묘지로 옮겼다가 체포되었다고 전해 주었다. 이 말을 들은 파블로는 그만 그 자리에 털썩 주저앉고 말았다. 그는 터져 나오는, 어처구니없는 웃음을 감추지 못하고 눈물을 닦아가며 웃어대기 시작했다.

싸르트르는 인생이란 "비꼬인 운명의 역설"이며, "인간은 우주의 저당물"이라고 말했다. 그는 인간은 우주에 저당 잡혀 있어서 마음대로 살거나 죽을 수도 없고 떠날 수도 없는 존재라고 생각했다.

그리스는 파불로가 잡혔으니 고문을 견디지 못하고 자기가 숨은 곳을 댈 것이라고 생각하고 공동묘지로 거처를 옮겼고, 파불로는 그리스를 보호하기 위해 거짓 장소를 댄 것이 오히려 밀고자가 된 꼴이 되었다.

싸르트르나 까뮈 같은 작가는 위대한 창작 정신에도 불구하고 피조 세계와 인간의 삶에 대해서 부정적인 생각으로 일관했던 것 같다. 아름다운 세상에 만물 중에서 가장 귀한 존재로 탄생한 인간, 의심하고 비관만 하기에는 인생이 너무 짧다. 주어진 삶을 위해 최선을 다해서 후회 없는 인생을 사는 것이 값진 일일 것이다. 남이 쌓아놓은 벽에 갇히는 것은 어쩔 수 없다 하더라도 자기가 쌓은 벽에 스스로 갇히는 불행만은 피해야 할 것이다.

"진리를 알지니 진리가 너희를 자유롭게 하리라." (요한복음 8:32)

생명의 소중함

한스 카롯사의 「의사 기온」

한스 카롯사는 19세기 말엽 독일에서 태어나서 20세기 중엽에 죽은, 우리에게 잘 알려지지 않은 의사이며 작가였다. 그는 이 세상을 하나님께서 창조하신 조화롭고 아름다운 피조물이라고 생각했으며, 땅 위의 모든 생명은 그 자체로서 이 세상의 어떤 것보다 소중하고 보호되어야 할 것들이라고 굳게 믿었다.

어느 날 의사 기온은 에메렌츠라는 여자를 진찰했다. 그 여자는 임신했으나 적혈구 부족으로 출산이 위험한 상태에 있었다. 이 무렵에 의사 기온은 화가요, 조각가이며 명상가인 준티아라는 여자의 초청을 받고 그 여자의 집으로 간다. 그녀의 집안에는 여러 가지 초상화와 나무토막, 이상한 돌 등이 놓여 있었다. 그러나 의사 기온의 머리속에는 오직 자신의 환자 에메렌츠의 출산과 건강에 대한 염려로 가득 차 있었다. 어느 날 에메렌츠는 기온에게 정기 검진을 받고 돌아가는 길에 새빨간 꽃을 보고 그 꽃에는 적혈구가 많을 것이라고 생각하고 꽃가게에 들어가기도 한다.

화가 준티아는 의사 기온과 환자 에메렌츠의 고민을 다 이해하고 있는 것 같이 보인다. 준티아는 기온에게 혹 에메렌츠가 아기를 낳고 죽으면 자신이 아기를 맡겠다고 말한다. 의사 기온은 경건한 마음으로 이 세상에 한 생명을 탄생시키고 자기는 사라지려고 조용히 때를 기다리는 에메렌츠와 자신의 현실적인 삶을 희생하고서라도 새 생명을 맡아 양육하겠다고 나서는 성실한 여자 준티아을 보고 인간에 대한 신뢰를 느끼며 불쌍한 사람들을 열심히 치료해준다.

기온은 준티아의 방에 다시 가서 사랑이란 낮은 데서부터 시작되어 높은 곳으로 승화하는 것이라고 이야기한다. 에메렌츠는 기온과 준티아와 함께 며칠 동안 생활하면서 따뜻한 인간애를 느끼며 자신이 아기를 낳을 경우 그 두 사람이 잘 길러 줄 것이라고 생각하고 자신의 죽음을 두렵지 않게 생각한다. 결국 에메렌츠는 귀여운 아기를 팔에 안고 창백한 얼굴로 죽어 간다.

이 작품을 통해서 작가 카롯사는 자신이 제1차 세계대전에서 목격한 수많은 전사자들을 떠올리면서 생명의 존엄성과 그 생명을 창조하신 하나님의 섭리를 다루었다. 이 소설에 등장하는 두 여자 중 준티아는 예술가로서 흙이나 나무 같은 무생물을 소재로 예술적 생명체를 탄생시켰고, 가련한 에메렌츠는 소멸되어 가는 자신의 육체 속에서 한 생명을 탄생시켰다.

이 두 여자를 통한 생명의 창조와 그 창조의 아픔은 의사 기온이 경험하는, 생명을 잃어 가는 다른 피조물의 아픔과 비교된다. 이 소설에 등장하는 모든 인물들이 긍정적 사고방식과 생명을 존중하는 따스한 인간애를 품고 있다는 사실이 아름답기 그지없다.

이처럼 선량한 주인공들이 한 데 모여 삶의 가치를 이루어 나가는 이야기는 오늘날과 같이 세계 도처에서 인간의 존엄성이 무시되고 자연의 생명력이 짓밟히는 시대, 그리고 인정이 메마른 시대에 사랑방의 놋화로가 언 손을 녹여주듯 우리의 냉랭한 마음을 훈훈하게 녹여준다. 우리에게 가치 있는 삶, 긍정적인 삶을 제시해주는 아름다운 이야기이다.

스티븐 디달러스의 작가 정신

제임스 조이스의 「젊은 예술가의 초상」

❧❧❧

제임스 조이스는 「율리시즈」로 우리에게 잘 알려진 아일랜드 더블린 태생의 소설가이다. 오늘 감상하고자 하는 「젊은 예술가의 초상」은 조이스의 자서전적 소설이며 그의 유명한 「율리시즈」는 이 소설의 속편의 성격을 띄고 있다.

더블린 시의 한 평범한 가정에서 스티븐 디달러스라는 소년이 자라고 있었다. 스티븐은 다정다감한 부모 아래서 잠시 행복한 유년시절을 보내는 듯 했으나 엄격하기로 유명한 제수이트(예수회) 교단의 학교에 진학하면서 그 행복은 산산조각이 나고 만다.

스티븐은 심한 근시 때문에 안경이 없이는 아무 일도 할 수 없었으며 민족적 우월감이 유달리 강했던 아일랜드에서 "디달러스"라는 비아일랜드계의 성(姓)은 언제나 급우들의 놀림감이 되었다. 급우들 대부분이 상류층 자녀인데 비해 스티븐의 아버지는 하급공무원이었기 때문에 경멸을 당하는 일도 많았다. 급우들은 핑계만 있으면 어떤 수단이든 동원해서 스티븐을 괴롭혔다. 한 번은 스티븐이 친구들에 의해 더러운 웅덩이에 빠져서 오랫동안 입원 치료를 받은 일도 있었다.

그런데 스티븐이 입원해 있는 동안 아일랜드 국민의 사랑과 존경을 한 몸에 받고 있던 애국자며 혁명가인 파넬이 어떤 유부녀의 집에서 죽은 사건이 일어났다. 그의 죽음은 아일랜드 전역을 애국심과 배신에 대한 격렬한 논쟁의 장으로 바꾸어 놓았다. 어제까지 그를 우상처럼 떠받들던 아일랜드 국민들은 파넬의 애국심은 존경하지만 그가 유부녀와 불륜의 관계를 맺은 것은 용서할 수 없다며 그를 성토했다.

성탄절이 되어 집에 돌아간 스티븐은 집에까지 파넬 논쟁이 연장되어서 가족 사이에도 감정의 골이 깊어진 것을 발견하고 실망한다. 스티븐은 아일랜드 교회와 국가를 위해 그처럼 헌신한 위대한 인물을 단 한 번의 윤리적 실수를 가지고 매도하는 국민들의 편협한 태도가 너무나 불만스러웠다.

겨울 방학이 끝나고 다시 학교로 돌아간 스티븐은 라틴어 시간에 장난을 치다가 도움런 신부에게 발견되어 매를 맞게 된다. 이 체벌 사건은 학생들을 자극해서 스티븐을 앞세운 전교생들이 교장에게 항의하여 마침내 교장의 사과를 받아 내게 되며, 이 사건으로 인해 스티븐은 일약 영웅이 된다.

스티븐은 바이런 같은 비도덕적인 시인을 좋아한다는 이유로 교사들과 친구들의 비난을 받기도 했지만 열심히 공부해서 집안을 도울만큼 큰 장학금을 받기도 한다. 그러나 무능한 술주정뱅이 아버지로 인해 가세는 더욱 기울어졌다.

스티븐은 열여섯 살 때 처음으로 여자를 알게 되었고 이 일로 혼자 고민하다가 신부를 찾아가서 고해를 한다. 스티븐이 가장 못마땅해 한 것은 친구들이 편협하고 배타적인 민족주의에 얽매어서 정치에 집착하는 것이었다. 스티븐은 당시로서는 최고의 권력을 누리던 계급인 신부가 되라는 권고와 애국 운동가가 되라는 유혹도 뿌리치고 작가가 되기로 결심한다. 그는 작가는 민족주의나 정치문제, 심지어는 특정 종교에도 집착해서는 안 되며 이 모든 것을 초월할 수 있어야 한다고 생각한다.

그는 파넬을 죽인 조국 아일랜드를 자기 새끼를 잡아먹은 암퇘지에 비교한다. 그는 정치와 종교뿐 아니라, 조국마저 초월하기로 결심하고 아일랜드를 떠난다. 그가 조국을 떠나면서 남긴 말은 다음과 같다:

> "생이여, 나는 너를 환영한다. 나는 경험의 리얼리티를 백만 번이라도 만나겠다. 그리고 내 영혼의 대장간에서 내 민족의 창조되지 않은 양심을 만들어 내겠다."

우리는 스티븐이라는 한 소년의 성장 과정을 통해서 이 소설의 배경이 되고 있는 아일랜드 사회와 오늘의 한국 사회가 많은 유사점을 가지고 있다는 사실을 발견한다. 두 사회는 똑같이 빈부의 차이가 심했고, 똑같이 격동하는 민주와 애국의 소용돌이 속에 휩싸여 있다. 격변의 사회 속에서 시세에 따르지 않고 자신에 충실한 스티븐의 모습은 그의 선택의 선악여부와 관계없이 고귀한 것이었다.

기성세대나 젊은 세대 할 것 없이 오늘 우리 사회의 타율성과 기회주의적 처신은 뜻있는 사람들의 삶의 의욕마저 빼앗아 버린다. 열여섯의 어린 소년이 거센 시대사조에 맞서서 작가 정신을 외치며 분연히 일어나 고국을 떠나는 모습은 참으로 감동적이다. 스티븐 디달러스의 앞길에 햇빛 비치라!

어리석음을 극복한 치열한 삶

미구엘 세르반테스의 「돈키호테」

＊＊＊

  우리 시대를 사는 세계의 문명인들 가운데 '세르반테스'나 '돈키호테'의 이름을 들어보지 않은 사람은 거의 없을 것이다. 이 소설을 쓴 세르반테스는 냉철한 이성이 문명세계의 의식을 지배하던 17세기에 지금의 스페인에 생존했던 인물로서 정규교육도 받지 못했으며, 27세 때는 에스파냐와 터키와의 레판토 해전에 참전해서 왼팔을 잃었고, 무어 해전에서는 포로가 되어 노예로 끌려가는 중에 구사일생으로 고국에 돌아온 사람이다. 그는 서른 살이 넘어서야 고향에 정착하고 몇 편의 희곡과 이 소설을 남겼다.

  이 소설의 주인공 돈키호테는 옛 스페인 귀족이며 자칭 기사로서 일생을 허황된 무용담 같은 환상에 사로잡혀 산 인물이었다. 그는 지난 수세기 동안 세상 사람들에게 생각보다는 행동을 앞세우고 현실보다는 이상 속에 사는 인물로 알려져 왔다.

  이야기는 이렇게 시작 된다:

  라만차 지방의 어느 마을에 "돈키호테"라는 점잖은 귀족이 살았다. 그는 언제나 격식을 갖춘 식사를 하고 값비싼 비단 옷을 입고 사냥을 즐기며 기사 수련에 대한 독서를 했다. 그는 나이가 50에 가까운 신사였으나 자신이 하루 속히 기사 수업을 마치고 세상에 나가서 온갖 불의한 세력들을 물리쳐야 한다고 생각했다.

날씨가 무더운 7월 어느 날, 돈키호테는 드디어 세상을 평정하기 위한 장도에 올랐다. 그는 마을의 여관에 들어가서 여관주인을 기사라고 부르고 하녀를 공주라 부르며 자기에게 기사의 칭호를 달라고 간청한다. 이렇게 해서 그는 기사가 되어 단신으로 첫 번째 정복 길에 나서지만 실수연발로 실패하고 만다.

그의 두 번째 정복 길에는 시종 "산쵸 판자"가 따르게 되어 한결 수월해 보인다. 그들은 원정길에 나선지 얼마 되지 않아서 삼십여 개의 풍차를 발견하였으며, 돈키호테는 그 풍차가 백성을 착취하는 거인이라고 생각하고 산쵸의 만류에도 불구하고 풍차에게 선전포고를 한다.

돈키호테는 말에서 내려 칼을 빼들고 풍차를 향해 돌진했으나 몸이 풍차 날개에 걸려서 공중을 한 바퀴 돌고나서 땅바닥에 내동댕이쳐졌다. 기사는 큰 상처를 입었으나 조금도 굴하지 않고 염소우리를 본거지로 삼아, 공연히 지나가는 비스카야의 귀부인 일행을 향해 칼을 빼들고 납치한 공주를 내놓으라고 싸움을 벌여 이기는가 하면, 노예선에 팔려가는 사람들을 구출한다고 야단법석을 떨면서 수없이 많은 봉변과 멸시를 경험한다.

그들의 원정길에 산쵸 판자는 꿈이 아닌 현실 속에서 어떤 섬의 총독으로 임명되어 돈키호테와 작별하고 임지에 부임한다. 그러나 마을 청년들의 짓궂은 장난을 적군의 침공으로 착각한 산쵸는 그들과 전쟁을 벌이다가 일주일 만에 그곳에서 도망쳐 나왔다. 그는 이곳저곳을 기웃거리며 방황하다가 외로운 원정길에서 고군분투하고 있던 돈키호테와 우연히 다시 만나게 된다.

그들이 처음 원정길에 나섰을 때는 기사와 시종으로서의 행동이 어색하기 짝이 없었으나 오래 원정을 하는 동안 행동도 세련되고 기사로서의 위풍도 갖추게 되었다. 그 사이 그들의 소문은 에스파냐 전역에 널리 퍼져서 그들이 바르셀로나에 입성했을 때는 "환영! 라만차의 돈키호테"라는 현수막이 내걸리고 고적대가 환영 연주를 하기까지 했다.

그러나 환영과 들뜬 분위기도 잠시일 뿐 돈키호테와 산쵸 판자가 교대로 저지른 수많은 실수와 무모한 용기로 인해 그들은 곧 바르셀로나의 웃음거리가 되고 말았다. 돈키호테는 어느 날 갑자기 집을 떠나 원정길에 나섰던 것처럼, 어느 날 갑자기 자신의 원정이 실패로 끝났다는 사실을 자인하고 고향으로 돌아가 병에 걸려 죽고 만다.

이처럼 허황되고 공상적인 소설이 어떻게 냉철한 이성적 사고방식이 문명세계를 지배하던 17세기에 쓰여 질 수 있었을까 하는 것은 수수께끼이다. 이 소설은 당대에는 알려지지 않았다가 18세기에 허황된 이야기로 잠시 사람을 웃기는 소극(笑劇) 정도로 사용되었다. 그러나 19세기 낭만주의의 문이 열리면서 제도보다는 자연이, 규칙보다는 인간성이 존중되고 딱딱한 이성보다 풍부한 상상력이 그 시대를 풍미하면서 돈키호테는 일약 영웅으로 각광받고 그 저자 세르반테스는 위대한 작가로 추앙받게 되었다.

돈 키호테는 흔히 생각은 많으나 그것을 행동에 옮기지 못하고 망설이던 셰익스피어의 햄릿과 비교되어 행동적 인물로 알려져 있다. 그의 생각은 무모했고, 그의 행동은 앞뒤가 없었으며, 그의 생애는 공허하기 짝이 없었다. 그러나 우리는 그의 무모한 용기를 비난하기에 앞서 그의 인간적 순수성과 정열이 그리워지는 시대에 살고 있다.

오늘 우리 시대, 세모의 거리에서 우연히 돈키호테를 만난다면 우선 그에게 경의를 표하고 그의 소매를 잡고 기사의 품위에 맞는 격식을 갖춘 레스토랑으로 인도하고 싶다. 산쵸 판자는 아무래도 포장마차가 더 어울릴 것 같다.

자기의 의지로 헤쳐 나가야 할 인생

하인리히 뵐의 「정각열차」

✳

가을이 온 줄도 모르고 씨를 뿌리는 사람이 있는가 하면 봄이 온 줄도 모르고 씨앗을 움켜쥐고 있는 사람도 있다. 일찍이 영국의 문호 셰익스피어는 인생이란 "소음과 분노로 가득 찬 것, 그리고 그의 모습은 문자판 위로 지나가는 그림자와 같은 것"이라고 탄식했다. 출생한다는 것은 이미 그 삶이 시간의 톱니바퀴 위에 던져졌다는 의미이다. 인간은 싫든 좋든 맞물려 돌아가는 시간의 수레바퀴 속에서 삶의 의미를 발견해야 한다. 가을날 하루해가 얼마나 빨리 지는지를 실감하는 사람은 그것이 곧 한 삶의 축소판이라는 것을 깨달아야 할 것이다.

금세기 초의 독일작가 하인리히 뵐은 이 소설을 통해 존재의 어지러움 속에서 미처 중심을 잡기도 전에 한 생애를 마감하게 되는 불행한 젊은이들의 삶을 그렸다. 뵐은 동시대 작가로서 독일인으로는 토마스 만 이후 40여 년만인 1972년에 노벨 문학상을 수상하였다. 그의 작품으로는 「아홉 시 반의 당구」, 「여인과 군중」 등이 잘 알려졌다.

그의 소설 「정각열차」에는 원하지 않는 전선에 끌려 나가는 독일 청년들의 고뇌와 사랑이 강렬하게 부각되어 있다. 열차는 정시 발차. 휴가를 마친 병사들이 군용열차를 가득 메운 가운데 열차는 전선을 향해 기적을 울렸다. 플랫 홈에는 눈물이 범벅 된 가족들과 소녀들과 기도드리는 목사들이 엉켜 있었다. 때는 제2차 세계대전의 막바지. 종착역은 폴란드의 렘베르크와 체르노비츠 사이에 형성된 최전선이었다.

안드레아스는 기차가 출발함과 동시에 죽음에 대한 불안으로 안절부절 한다. 열차가 이렇게 정시에 출발하고 정확하게 중간 역들을 지난다면 그는 이제 '곧' 렘베르크에 도착할 것이며, 그곳에는 죽음이 그를 기다리고 있을 것이다. 그는 열차 안에서 털보라는 남자와 노랑머리 군인을 만나 그런 대로 서로의 감정을 달래며 초조함을 달랜다.

안드레아스는 기차가 드레스덴 역에 도착했을 때, 자기에게 공연히 화를 내던 중위의 새 군복에서 문득 죽음의 냄새를 맡는다. 그의 눈에는 기차 칸에 앉아 있는 후보생들의 옷이 모두 수의처럼 보였다. 그는 지도를 하나 얻어서 그들이 각각 도착할 목적지를 찾아보면서 시간을 보낸다.

기차는 운명처럼 정시에 프르체미슬이란 역에 몇 시간 동안 정차했고, 그들 셋은 각각 짐을 챙겨 차에서 내렸으나 헤어지지는 않았다. 이발을 하고 군복을 갈아입은 털보는 빌리라는 이름의 독일군 하사관이었다. 그들 셋은 똑같이 죽음의 공포에 눈물을 찔끔찔끔 흘리다가 기차가 떠나는 시간에 맞추어 다시 승차했다.

그들은 기차가 정시에 어떤 역을 지날 때, "오늘의 독일은 우리의 것이지만, 내일의 독일은 세계의 것" 이라고 소리쳐 부르는 군가를 들으면서, 함께 전선으로 가는 독일인들 사이에도 건널 수 없는 강이 있음을 실감한다. 같은 군복을 입고도 전쟁을 찬미하고 목숨을 초개같이 여기는 이들이 있는가 하면, 자신들처럼 전쟁의 의미 자체에 회의를 느끼는 이들도 있었던 것이다.

그들은 드디어 종착역 렘베르크에 도착했다. 전선으로 가기 위해서는 하룻밤을 그곳에서 묵고 다시 버스를 이용해야 했다. 그들은 가지고 있던 돈을 다 쓰기 위해 이발과 면도를 하고 값비싼 술과 음식을 먹는다. 그 사이에 안드레아스는 독일과 원수지간인 폴란드 처녀를 사귀기도 한다.

안드레아스는 폴란드 처녀 올리나의 방에서 피아노를 치다가 문득 렘베르크에서 체르노비츠 쪽으로 40km쯤 가면 어떤 마을이 나오느냐고 묻는다. 올리나가 '슈트리' 라고 대답하자 안드레아스는 그곳이 바로 자기가 죽을 곳이라고 확신한다. '슈트리… 슈트리…'. 그렇게도 불안하고, 그렇게도 가고 싶지 않고, 또 그렇게도 생각하기조차 싫었던 그 이름.

그러나 안드레아스와 그의 동료 둘은 바로 그 '슈트리' 의 목전에 도착하고 있었다. 그러나 막상 불행은 그 보다 훨씬 더 가까운 곳에 있었다. 그들이 탄 '슈트리' 행 버스의 계량기가 폭발하는 바람에 그들 셋은 '슈트리' 로 가는 길목에서 폭사하고 말았다.

흔히 의지력이 약한 사람은 자기의 삶을 운명에 맡기고 체념해 버리는가 하면, 신앙인들은 그것을 하나님의 뜻에 맡기고 무력해진다. 조물주께서는 피조물 자연에게는 자연의 법칙을 주시고 피조물 인간에게는 하나님 자신의 성품과 의지력을 주셨다. 따라서 우리 인간에게는 미리 정해진 불행이나 운명은 없다. 자기 자신의 나약한 의지에 굴복하거나 인간이 만든 환경과 조건에 굴복하면 그것이 그의 운명이 될 것이며 불굴의 의지로 거기에 맞서면 한 판의 멋진 승부를 펼칠 수 있을 것이다.

이미 인생의 시발역을 떠나서 중간 역들을 지나며 쉬임 없이 달리고 있을 나의 열차, 나는 그 속에서 무슨 생각을 하며 또 지금쯤 종착역을 얼마나 가까이 두고 있는가? 그러나 인간은 공연히 종착역에 대한 불안에 떨 필요가 없다. 그러한 불안은 철인(哲人)이나 은자(隱者)에게 주어 버리고, 우리는 다가오는 역들에서 맞이할 아름다운 사계(四季)와 미지의 풍물과 우리가 만날 사람들에 대한 기대로 우리의 삶을 더욱 풍요롭게 만들어야 하리라. 우리의 미래는 아마도 우리의 의지가 만들어 낼 수 있을 것이다.

감사하는 마음으로 아침의 태양을!

알렉산드르 솔제니친의 「이반 데니소비치의 하루」

～≋≋≋～

이 작품은 소련의 반체제 물리학자이며 노벨문학상 수상자이기도한 알렉산드르 솔제니친이 44세 때 발표한 문제작이다. 솔제니친은 대학에서 물리학과 수학을 공부했으며, 군대 생활을 하는 중에 쓴 일기가 문제가 되어 자신도 모르게 고발되어서 8년 동안 옥살이를 하게 되었다. 그는 그 후에도 구 소련 정부에 의해 장기간 강제수용소 생활을 했으며 그런 경험을 기초로 해서 이 중편을 쓰게 되었다.

이 작품은 소설이라기보다는 르포 형식으로 기록되어서 매우 단조롭다. 이 작품이 소련에서 출판된다는 것은 거의 불가능한 일같이 보였으나, 마침 스탈린이 죽은 후에 그의 지위를 격하시키는 일이 진행되고 있던 때여서 그나마 출판할 수 있게 되었다. 그러한 해빙무드를 틈타서 어떤 고위 관료가 이 원고를 후르시쵸프에게 보였을 때 그는 매우 못마땅한 표정을 지었다고 전해진다. 그것은 아마 자기 나라의 수용소 내부가 바깥 세상에 샅샅이 알려지는 것이 부끄러웠기 때문이었을 것이다.

이 소설을 출판한 〈노브미르〉지의 편집장 드바로도프스키는 원고를 한 번 읽은 후에 "이런 소설을 출판하는 것이 내 평생의 소원"이라고 말했다고 한다.

시베리아 강제수용소 제104 작업반에 소속되어 있는 이반 데니소비치 슈호프는 집단농장의 농부였는데, 과거 독일과의 전쟁 때 독일군의 포로가 되었다가 탈출한 경력이 말썽이 되어 10년 노동 형을 선고받고 복역 중이다. 고향에는 그가 돌아가면 염색소를 시키겠다고 벼르고 있는 아내가 있었으나 어찌된 일인지 근래에는 소식이 뜸해졌다.

그는 공사장에서 키르가스라는 죄수와 함께 벽돌을 쌓아올리는 일을 하고 있었다. 그들의 일과는 새벽 다섯 시부터 시작되었다. 슈호프는 부지런히 일어나서 수용소 안에서 잔심부름이나 바느질, 청소 등 무슨 일이나 해주고 용돈을 벌어 썼다.

어느 날 새벽 그는 오한이 나서 의무실로 갔으나 야단만 맞고 의사는 만나지도 못했다. 그는 의무실 부근에서 서성거렸다는 죄로 하마터면 영창살이를 할 뻔했으나 다행하게도 청소를 하라는 가벼운 벌만 받았다. 그는 수용소 안에서 가장 소중한 물건인 숟가락을 늘 장화 속에 감추어 둔다. 아침에 식당에서 받은 빵은 반만 먹고 반은 주머니에 넣어 두었다가 점심 때 먹는다.

"104 작업반, 막사 밖으로!" 하는 구령과 함께 그들은 영하 수십 도의 벌판에 나가 정렬하고 차례대로 몸수색을 받는다. 대열에서 조금만 이탈해도 탈주자로 간주하고 사정없이 총을 쏘아 댄다. 점심으로는 그릇 밑바닥을 덮을까 말까 한 죽 한 그릇뿐이다. 점심을 먹던 슈호프는 눈 위에 조그만 줄칼이 떨어져 있는 것을 보고 얼른 주머니에 집어넣는다. 그것을 잘 다듬어 놓으면 바느질을 할 때나 손톱, 발톱을 자를 때, 또는 구두를 고칠 때 소중하게 사용할 수 있기 때문이다. 그러나 만약 저녁 신체검사 때 들키기라도 하는 날에는 목숨이 위태롭다. 죄수 중에는 과거 제정러시아 군에서 고급장교로 있던 이들도 많다.

드디어 하루의 고된 작업이 끝나고 저녁이 되었다. 인원점검을 해보니 463명에서 한 사람이 부족했다. 그러나 얼마 후 경비병이 미장 발판 위에서 잠들어 있는 죄수 하나를 발견했기 때문에 무사히 돌아 올 수 있었다. 슈호프는 두근거리는 가슴으로 줄칼을 몸에 숨기고 검열대를 통과할 수 있었다. 저녁에 식당에서는 국을 먼저 타 먹으려고 소동이 좀 있었지만 그것은 매일 있는 행사일 뿐이었다. 그날 저녁 슈호프는 칼이 생겼을 뿐 아니라, 친구의 소포를 대신 줄서서 받아 주고 소시지도 얻어 먹었으므로 만족스럽게 잠들 수 있었다. 이렇게 해서 이반 데니소비치의 하루는 영하의 수용소에서 잠들어 간다.

나는 이 책을 읽으면서 우리나라 교도소를 연상했다. 과거 수십 년간 군사독재 정권이 국민을 억압하던 시절에 이 땅에서도 얼마나 많은 사람들이 누명을 쓰고 눈물로, 또는 기도로 밤을 지새웠을까? 우리가 이 소설을 읽을 때 그다지 놀랍지 않은 것은 우리 사회에서도 그와 같은 것을 매우 가까이 체험하고 있기 때문일 것이다. 이것이 잔악한 정권 때문이 아니라 복음을 전하기 위해 온 세계의 오지에 파송된 하나님의 종들이 당하는 고통이라면 얼마나 더 값진 것일까.

사랑을 품은 사람이 곧 성자이다

그레이엄 그린의 「권세(능)와 영광」

$$\approx\!\!\ll$$

1930년 대 멕시코에는 친 공산주의 혁명정권이 들어서서 기독교를 포함한 모든 종교행위를 금지시키고 신부들을 추방하거나 처형했다. 그 당시 어떤 지역에서 성당을 운영하던 호세라는 신부가 있었다. 그는 위스키에 중독되어 있음은 물론, 여자를 사귀어서 딸까지 낳은 후에 그 여자를 버리는가 하면 자기에게 위험이 닥쳐오자 서둘러 성직까지 포기해 버린다.

이런 사실을 알게 된 혁명정부는 호세 신부가 가톨릭교회를 욕되게 한 공로를 높이 치하하고 그에게 연금까지 지급하였다. 이제 호세 신부는 매일같이 원하는 술을 마시면서 걱정 없이 살아갈 수 있게 되었다.

그런데 그 무렵에 호세 신부가 살고 있는 지역 내에서 어떤 신부가 몰래 주민들을 찾아다니며 고해를 받기도 하고 미사를 집행하기도 한다는 소문이 나돌았다. 이 소문을 들은 그 지역의 경찰서장은 혁명을 방해하는 어떤 세력도 용납할 수 없다면서 그 신부를 반드시 체포하겠다고 선언했다.

신변에 위협을 느낀 그 신부는 베라크루즈로 가는 배를 타고 그 지역을 탈출하려 했다. 그의 탈출이 거의 성공하려는 순간에 그는 임종이

임박한 어머니를 위해 종부성사를 해줄 신부를 찾는 한 소년을 만나게 되어 탈출을 포기하고 노새를 타고 소년을 따라간다. 경찰서장은 멕시코 안에서 모든 신부와 목사들을 다 제거해야만 국민이 잘 살 수 있다고 하면서 신부의 검거에 큰 현상금까지 건다.

이리저리 피해 다니던 신부는 결국 젊은 시절에 불륜 관계를 맺었던 마리아의 집에까지 숨어들게 되며 그들의 딸 브리지다가 악의 길에 빠져 있는 것을 발견한다. 신부가 그곳에 도착한 지 얼마 안 되어 경찰이 들이닥쳤다. 마리아는 신부가 자기 남편이라고 주장했고 딸 브리지다도 신부를 아버지라고 주장했다.

경찰서장은 수배 중인 호세 신부의 사진을 가지고 있었으나 지금의 호세는 너무 늙어서 옛모습과 달랐기 때문에 알아보지 못하고 그냥 돌아갔다. 경찰에서는 마을 사람을 볼모로 데려갔지만 마을 사람들은 아무도 그를 밀고하지 않았다.

호세는 또 다시 노새를 타고 피난길에 올랐다. 이번에는 한나라는 혼혈아를 만났다. 한나는 자기야말로 진짜 가톨릭 신자라고 맹세했지만 신부는 그가 700페소의 현상금을 받기 위해 자기를 밀고할 것을 알고 있었다. 신부는 한나를 피해서 어떤 다른 도시에 들어간다. 그는 너무나 술이 마시고 싶어 관리에게 술을 샀으나 그 도시가 금주령이 선포된 곳인 줄은 미처 몰랐다. 그는 술 때문에 경찰에 체포되어 구금 되었다. 감옥에 갇힌 이들은 모두 호세 신부가 바로 현상금이 걸린 신부인지 알았으나 아무도 밀고하지 않았으며, 더구나 감옥에서 다시 만난 한나까지도 그를 밀고하지 않았다. 경찰서장 앞에 다시 끌려 나간 신부는 역시 그를 알아보지 못하는 서장으로부터 5페소의 격려금까지 받고 출옥하게 된다.

이 이름 없는 신부가 바로 호세였다는 사실이 이 소설의 줄거리를 이끌고 나간다. 호세는 여러 곳을 전전하다가 혼혈아 한나를 다시 만나게 된다. 한나는 호세에게 경찰서장이 꼭 잡겠다고 맹세한 미국인 갱은, 실은 가톨릭 신자인데 지금 경찰과 대치하고 있으며 큰 부상을 입었으니 도와 달라고 부탁한다. 호세는 그것이 함정인 줄 알았지만 경찰과 대치하고 있는 미국인 갱을 찾아간다. 호세는 그에게 고해를 요구했으나 갱은 권총을 빼서 호세에게 맡기고는 죽고 만다. 경찰이 곧 들이닥치고 호세는 신분이 드러나 체포되어 재판을 받고 처형되었다.

호세의 한 평생은 위스키와 불륜과 도피 생활로 얼룩져 있었다. 그의 생애는 철저한 실패로 끝난 것처럼 보였으나 그가 총살을 당한 날 밤에 다른 신부 하나가 몰래 그 도시로 들어왔다. 그것은 희망이다. 뿐만 아니라 전에는 가톨릭교회를 매우 싫어하던 한 소년이 새 신부를 환영하였다. 그것은 그 소년이 호세 신부의 따스한 인간애에 감동을 받아 새사람이 되었기 때문이었다.

앞서 말한 것처럼 이 소설의 서두에서 몰래 미사를 집전하고 다닌다는 소문의 주인공은 호세 신부였다. 이것은 작가가 침묵하고 있는 부분의 진실이다. 생각해 보면 호세는 한 번도 신자의 어려움을 외면하지 않았으며 사치하거나 이기적이지도 않았고 언제나 헌신적이었다. 한 편으로 호세는 일생 동안 위스키만 마셨고 한 여자를 타락시켰으며 도피 생활로 삶을 일관했다. 그러나 우리는 그가 그 모든 고통과 죄의식 속에서 한 사람의 성자로 변신하는 모습을 보게 된다.

사랑이 있으면 누구나 성자가 될 수 있을 것 같다. 종교와 교파를 초월해서 세상은 따뜻한 인간애를 필요로 한다. 만인이 필요로 하는 그 사랑은 대체 누가 다 가지고 있는가.

자신을 지키는 파수꾼

제롬 데이비드 샐린저의 「호밀밭의 파수꾼」

꧁꧂

샐린저는 20세기 미국의 단편작가이다. 이 소설은 17세의 고등학생 홀든 콜필드의 방황하는 젊음을 그린 작가의 유일한 장편이다.

열일곱 살의 고등학생 홀든은 학교에서 소위 '가짜들의 세계'에서 일어나는 부조리한 일들을 하나하나 적어 본다. 그는 가난한 집 학생이 영어 악센트가 조금만 틀려도 마구 윽박지르면서도 돈 있는 집안 학생에게는 굽실거리는 선생들, 청중을 즐겁게 하려고 악보를 무시하고 연주하는 재즈 피아니스트나 배우들 등등 사방에 널려있는 가짜들을 본다. 그러나 홀든은 예민하고 충동적인 성격 때문에 펜시고등학교에서 퇴학을 당하게 된다.

홀든의 친구 중에 애클리라는 아이가 있었다. 그는 항상 웃는 얼굴에 여드름이 많았고 같은 반의 여학생들을 괴롭히며 자기보다 잘하는 사람은 누구든지 비난했다. 그래도 홀든은 누구보다 애클리를 좋아했으며, 한 편 좋아하는 한 여학생을 두고 애클리와 다투기도 한다.

홀든은 학교에서 쫓겨났다는 사실을 부모님께 말씀드렸을 경우, 어머니의 실망하시는 모습과 아버지의 노발대발하시는 모습이 눈에 떠올라 아무 말 하지 않고 있는 돈을 다 가지고 집을 나와서 호텔로 들어가 버린다. 홀든은 호텔에서 위스키를 청했으나 웨이터는 미성년자라고 해서 술을 주지 않자 카페로 가서 남자를 기다리는 세 여자를 만나 공연히 술을 사주면서 호기를 부린다. 기분이 들뜬 홀든은 택시를 타고 그리니치빌리지에 있는 나이트클럽에 가서 마음껏 술을 마신다. 그는 항상 마음속에 있는 의문 하나를 마침내 질문한다. 그것은 센트럴 파크의 연못에 있는 오리들이 겨울에는 어디로 가느냐는 것이었다. 후에 그는 술이 취해서 직접 공원의 연못에 가서 오리들을 확인하기도 한다.

홀든은 호텔을 떠나면서 이따금씩 만나던 샐리를 불러내어 함께 극장에 간다. 그리고 길가에서 수녀들의 모금함에 마지막으로 남은 큰 지폐 10달러를 넣어버리고 브로드웨이 여기저기를 방황 한다. 그는 친구 몇을 불러내어 멋진 바에 가서 마지막 남은 돈을 다 써 버린다. 결국 그는 가진 돈을 다 써버리고 친구들에게도 버림받고 남몰래 집에 들어간다.

열 살 된 여동생 희비는 오빠가 온 것을 보고 기뻐 어쩔 줄 몰라 했다. 그때 갑자기 부모님들이 들이닥치는 바람에 하마터면 들킬 뻔했으나 여동생 희비가 자기가 담배를 피웠다고 말하고 야단을 맞는 것으로 위기를 모면한다. 이튿날 아침, 집을 몰래 빠져나온 홀든은 전에 영어 선생이었던 앤톨리니를 찾아간다. 그러나 얼마 후에 영어 선생이 동성연애자라는 사실을 발견하고는 그 집에서도 도망쳐 나온다.

그는 그날 밤을 센트럴 파크 정거장 대합실에서 보내고 다음 날 여동생 희비의 학교에 가서 동생에게 여행 떠날 준비를 해서 나오게 한다. 둘은 서부로 도망치기로 결심한다. 홀든은 우선 센트럴 파크로 들어가서 회전목마 쪽으로 가서 목마를 타지 않으려는 희비를 설득해서 함께 목마를 탄다. 그런데 바로 그때 비가 내리기 시작했다. 문득 비를 바라보며 홀든은 이제 다시는 도망치지 않기로 결심한다.

이 소설은 방황하고 고뇌하는 젊은이의 삶을 숨김없이 보여준다. 이 소설의 배경은 온 세계의 도시 뉴욕의 맨해튼 한 가운데이지만, 오늘 우리가 살고 있는 도시의 젊은이들 가운데서도 똑같이 발견할 수 있는 현상이다. 자녀들에게 삶의 목적을 가르치기보다 사는 방법(처세)부터 가르쳐야 하는 우리 사회의 풍토가 홀든 같은 학생을 만들어 내고 있는 것 같다. 우리는 공감과 염려를 동시에 한다.

결국 호밀밭의 파수꾼은 정신 병원으로 가고 만다. 사회가 먼저 병든 것인지 파수꾼을 자처한 주인공이 먼저 병들었는지는 알 수 없다. 하지만 이 소설은 파수꾼을 자처하는 자는 누구든지 먼저 자신을 살펴야 한다는 귀한 교훈 하나를 우리에게 남긴다. 바울의 "네 자신을 돌아보아"라는 갈라디아서 6장 1절의 말씀이 생각난다.

인간의 굴레를 벗고서

서머셋 모옴의 「인간의 굴레」에서

＊＊＊

　서머셋 모옴은 1874년 파리에서 태어나서 「달과 6펜스」, 「인간의 굴레」 등 잘 알려진 소설과 희곡을 저술하여 작가로서 입지를 굳힌 인물이다.

　「인간의 굴레」는 필립 캐리라는 한 소년의 성장 과정을 통해 자기 자신의 자전적 삶과 인류가 안고 있는 갈등과 고뇌를 대변한 소설이다. 필립은 아홉 살 때 부모를 잃고 엄격한 삼촌 윌리엄 목사에 의해 양육받게 된다. 필립은 태어날 때부터 한 쪽 다리가 이상해서 운동을 할 수 없었을 뿐 아니라, 제대로 걷지도 못했다. 학교에서 친구들과 어울릴 수 없게 된 필립은 삼촌의 서재에 쌓여 있는 수많은 책들을 한 권 한 권 읽어 나가는 데 재미를 붙이고 마침내 장서가(長書家)인 삼촌의 책들을 모두 읽어 버렸다.

　필립은 발 때문에 친구들에게 놀림을 받는 것이 견딜 수 없어 성경에 매달려 두 번 세 번 읽은 후에 하나님께 발을 고쳐달라는 간절한 기도를 드린다. 필립은 믿음이 있으면 산이라도 옮길 수 있다는 성경 말씀대로 밤이 새도록 믿음으로 기도드렸다. 그러나 필립은 아침이 되기까지 자기 발이 전과 똑같다는 사실을 발견하고, 그때까지 가졌던 믿음을 버리고 여생을 무신론자에 가까운 불가지론자가 된다.

그는 독일과 영국과 파리에서 의학과 회계학과 미술을 공부한다. 그런 후 고국에 돌아와서 의학공부를 시작할 무렵, 그의 인생에 커다란 전환점을 만들어 준 밀드레드 로저스라는 웨이트리스를 만난다. 필립은 밀드레드를 사랑했으나 밀드레드는 필립의 마음만 어지럽히다가 독일인 부자 밀러와 결혼하게 되었다면서 필립을 떠나 버린다.

그러나 그로부터 얼마 되지 않아 밀드레드는 밀러와의 사이에서 난 딸을 안고 돌아와서 밀러는 가난뱅이였으며 더구나 기혼자였고 자기는 그의 교활한 꾀임에 빠져서 결혼하게 되었다며 후회한다. 마음이 약한 필립은 밀드레드 모녀를 자기 집에 들여놓고 보살펴 주지만, 이기적이고 괴팍한 밀드레드는 필립의 비정상적인 발을 가지고 그를 모욕하기 일쑤였다. 필립은 또 다른 애인을 만나 놀아나는 밀드레드에게 연애비용까지 대어 주었지만, 그녀는 다시 필립을 버리고 그리피즈라는 남자를 따라가 버렸다.

필립이 마음을 정리하고 의학공부도 거의 마치고 자신의 발도 수술하여 거의 정상을 되찾았을 무렵, 런던 거리에서 창녀가 된 밀드레드를 다시 만난다. 필립은 이번에는 그녀를 가정부로 그의 집에 들여놓는다. 이후에도 밀드레드의 횡포와 여러 가지 요구가 계속되어 그는 의학공부를 포기하고 포목상과 디자이너 등의 일을 전전하게 된다.

그러나 필립은 전에 그가 인턴시절에 치료해준 애셀리와 그의 딸 샐리의 격려로 다시 의학을 시작해서 공부를 마치고 둘은 잠시 사랑에 빠진다. 필립은 선박 담당의사가 되어 세계 이곳 저곳을 떠돌고 싶어했다. 바로 그때 필립을 찾아온 샐리는 자기가 필립의 아이를 임신하고 있다고 말했다. 해외로 나가고 싶었던 필립에게는 청천벽력과 같은 소리였다. 며칠 동안 참담한 심정으로 거리를 헤매던 필립에게 샐리가 다시 찾아와 임신은 오진이었다고 말해준다.

그러나 이게 웬일인가? 말할 수 없는 해방감을 느낄 줄 알았던 필립은 오히려 실망을 느꼈다. 자신은 세계를 떠도는 것 보다 샐리 같은 착하고 예쁜 여자를 만나 정착하는 것을 원하고 있음을 발견했던 것이다. 그래야만이 이루어질 수도 없고, 또 이루어져서도 안 될 밀드레드와의 사랑의 굴레에서 해방 될 수 있다고 생각했다. 그것은 필립에게 사랑의 굴레였을 뿐 아니라 인간의 굴레였던 것이다. 필립은 샐리와 결혼식을 올리고 시골 의사로 정착함과 동시에 드디어 밀드레드 로저스에 대한 가망없는 사랑과 자신에 대한 믿음의 결핍이라는 인간의 굴레에서 해방되었다.

가장 개인적인 것이 가장 사회적이며 가장 사회적인 것이 가장 국가적인 것이라는 까뮈의 말처럼 우리들의 삶 속에는 가장 개인적인 것처럼 보이는 일에도 커다란 공통분모가 있다. 필립 캐리의 삶 속에 내 삶이 겹쳐 있지나 않은가? 혹은 밀드레드 로저스 같은 사람의 멍에 씌움을 당하고 있지는 않은가? 바른 선택과 결단만이 인간다운 삶을 약속해 줄 것이다. 사람은 각각 자기 자신의 삶을 살 권리를 가지고 태어났다는 사실을 명심해야 할 것이다.

일확천금의 꿈을 버려라

니콜라이 봐실리예비치 고골리의 「죽은 혼」에서

❀❀❀

고골리는 1809년 소로친지라는 러시아의 한 마을에서 태어나서 1852년 모스크바에서 사망한 작가이다. 그가 남긴 소설로는 「광인의 일기」, 「검사관」, 「맞선」 등이 있으나 「죽은 혼」이 가장 잘 알려진 소설이다. 이 소설에는 치치코프라는 한 전직관리의 사기행각과 그의 터무니없는 사기행각에 놀아나는 부패한 관리들의 모습이 적나라하게 나타나서 독자의 실소를 자아낸다.

어느 날 러시아의 한 도시에 우아한 사륜마차 하나가 미끄러지듯 들어와서 어떤 호텔 앞에 멎었다. 마부와 몸종이 재빠르게 마차에서 내려 짐을 내리기 시작했다. 부와 관록을 상징하는 흰 가죽 트렁크와 가죽외투를 걸친 마부, 당당하게 마차에서 내리는 나그네의 모습은 보는 이들에게 선망과 기대 심리를 불어 넣기에 충분했다. 나그네는 여관에 들어가서 경찰에 제출할 신고서에 "6등관. 파벨 이바노비치 치치코프. 지주. 사무(私務)로 투숙함"이라고 기록했다.

치치코프는 곧 여관 종업원을 불러 그 도시에 대한 정보를 자세하게 수집한 후에 마차를 타고 관리들의 방문길에 나섰다. 그는 지사와 판사, 검사, 경찰서장 등을 차례로 방문해서 위세를 떨고 아첨을 해서 그들의 마음을 모두 빼앗아 버렸다.

그는 대지주인 체하며 매일같이 연회를 베풀어서 그들의 환심을 샀다. 그러는 한편 그 도시의 소지주들을 찾아 다니며 죽거나 도망친 농노들의 명단을 사들이기 시작했다. 치치코프는 어느새 호적상으로는 살아있으나 실재는 존재하지 않는 400명의 농노를 거느린 대지주가 되었다. 이제 남은 과제는 재판소에 가서 사들인 농노들의 서류를 제출하고 소유권 이전 등기를 하는 것이었다.

재판소장은 여러 가지 의심스러운 구석이 있었으나 치치코프의 돈과 위세에 눌려 앞장서서 이전 등기를 해주고, 그 도시의 모든 유지들을 초청해서 스스로 거대하고 호화스러운 파티까지 열어주었다. 경찰서장 집에서 열린 파티에는 큰 철갑상어, 연어, 청어, 치즈, 일과상어의 지느러미, 훈제한 혀 등 최고급 진상품들이 나왔다. 이제 치치코프는 그 도시의 명사가 되었을 뿐만 아니라 사교계에서도 가장 인기있는 남성이 되었다.

그러나 치치코프의 이러한 위장술에도 종말이 다가오고 있었다. 그가 지사의 무도회에 참석해서 춤을 추고 있을 때 농노거래를 하다가 흥정이 깨진 적이 있는 노즈드료프라는 남자가 나타나서 "이 사람은 죽은 농노를 매매하고 다니는 사기꾼입니다. 사기꾼인 저 놈은 교수형 감이요" 하고 외쳤던 것이다. 그 바람에 파티는 깨어지고 명사들은 뿔뿔이 흩어졌다. 다행히 노즈드료프는 거짓말쟁이로 소문이 나 있어서 치치코프는 위기를 모면했으나 결국 이 사건으로 인해 치치코프의 운명도 종장을 맞이하게 되었다.

이쯤되면 관리들도 치치코프의 비행에 대한 소문을 조사함직도 한

데, 오히려 그들은 혹 그가 민정을 시찰하러 온 중앙의 관리가 아닌가 해서 전전긍긍 하면서 시간을 보냈고 그러는 사이에 치치코프는 다른 도시로 도망쳐 버렸다. 치치코프의 계획은 죽은 농노 일천 명의 명단을 사서 유족보호원에 저당 잡히고 단숨에 20만 루블을 챙겨 달아나려는 것이었다.

이 후에도 치치코프의 사기행각은 좀 더 계속 되었으나 부자 노파의 유언장을 위조해서 유산을 가로 챈 것이 발각되어 결국 철창에서 여생을 보내게 된다. 치치코프의 사기행각이 교묘하다기보다는 그 손바닥에서 놀아난 관리들의 모습이 더욱 한심하다.

이 소설에서 작가는 치치코프 같은 사기꾼이 활개를 치고 거리를 활보하는 당시의 러시아 사회를 풍자하고 있다. 그러나 그런 사기꾼이 처음부터 그렇게 태어난 것은 아닐 것이다. 사회가 아무리 혼탁해도 시민 한 사람 한 사람이 바른 생각을 가진다면 치치코프 같은 작자가 감히 활개 치는 세상이 되지는 않을 것이다.

뇌물과 권력 남용으로 얼룩진 세상을 보면서 오늘 우리 세상에도 얼마나 많은 치치코프들이 활개를 치고 다니고 있는가 생각해 본다. 정직이 재산이다. 정직한 사람은 한평생 손해만 보는 것 같지만 언제인가 크게 보상받는 것이 세상의 원리이다.

기벤라아트의 실패

헤르만 헤세의 「수레바퀴 아래서」

꘏꘏꘏

헤르만 헤세는 우리에게 가장 잘 알려지고 사랑받는 유럽작가 중의 한 사람이다. 그는 1877년 독일 남부의 슈바벤 지역에서 목사의 아들로 태어났다. 시인이 되기 위해 수도원 부속 신학교를 중퇴하는가 하면, 점원과 시계 수리공 등의 직업을 전전했으며 바젤 대학에 청강생으로 등록하기도 했다.

그는 목사인 아버지와 인도 선교사의 딸인 어머니 사이에서 인도에서 출생했다. 그는 19세기 말엽과 20세기를 사는 동안 세계 1, 2차 대전을 체험하였고 1946년에는 69세의 나이로 노벨문학상을 수상하기도 하였다. 이 자서전적 소설은 1906년 그의 나이 스물 아홉에 쓴 것으로 인간 내면 세계의 욕구와 현실, 인간 본성의 외침과 그 외침을 억압하는 사회의 종교적, 구조적 모순을 잔잔하게 파헤치고 있다.

이 소설은 이렇게 시작된다.

시골 소년 한스 기벤라아트는 재능이 뛰어났으나 집안이 너무 가난해서 관비로 공부할 수 있는 수도원 신학교에 진학한다. 한스가 큰 기대를 걸지는 않았지만, 막상 신학교에 가보니 그곳은 세상의 모든 운동과 오락을 금지당하고 교실에서 옆에 앉은 친구와 이야기하는 것조차도 금지된 곳이었다. 이른 아침부터 밤늦게까지 오직 공부만 해야 하는 학교 생활이 너무 단조롭고 어려웠다. 그래도 그는 열심히 공부해서 우수한 성적을 얻게 되었고 신학교는 물론 고향 사람에게도 자부심을 안겨 주는 좋은 학생이 되었다.

얼마 후에 그는 시를 좋아하는 헤르만 하일러라는 친구를 사귀게 된다. 한스는 헤르만과 사귀면서 삶의 의미와 자연의 아름다움을 깨닫고 무척 행복해졌다. 그러나 한스가 하일러와 함께 금지된 시를 읽고 산책을 하고 그의 연애 이야기를 듣는 동안 성적이 형편없이 떨어지게 되었다.

하일러는 교장의 지시를 거역했다는 이유로 벌을 받은 다음 날, 잠시 동안이나 자유를 가지기 위해 기숙사를 나갔다가 이 일로 퇴학처분을 당하고 말았다. 친구를 잃은 한스는 낙담한 나머지 공부도 게을리 하고 몸까지 쇠약해져서 휴학계를 내고 고향으로 돌아갔다. 그러나 선생님들과 마찬가지로 고향 사람들도 아무도 낙오자가 되어 돌아온 한스를 따뜻하게 대해주지 않았다.

고향에 돌아와서 실의의 나날을 보내던 한스는 마을 전체가 잘 익은 과일향기에 물든 어떤 늦은 가을날 포도원에서 엠마라는 소녀를 만나 첫사랑에 빠진다. 한스는 그 동안의 실의에서 깨어나 삶의 기쁨을 느꼈으나 엠마는 한마디 말도 없이 떠나가 버렸다. 후에 알게된 사실이지만 엠마는 이미 여러 남자를 경험했던 여자로 장난삼아 한스와 만났던 것 뿐이었다.

그 후 한스는 모든 것을 잊기 위해 기계 공장의 견습공이 되었으나 그의 허약한 몸으로 중노동을 이겨내기에는 너무나 벅찼다. 어느 날 한스는 숙련공이 되어서 좋은 대우를 받고 있는 고향 친구 오가스트를 만났다. 그들은 서로 옛 이야기를 하면서 잠시 행복에 겨운 시간을 보내었다. 그리고 나서 한스는 오가스트와 헤어져서 탈진한 걸음으로 집으로 돌아오고 있었다. 그런데 그 순간 무서운 아버지의 얼굴, 옛친구 하일러, 방금 헤어진 오가스트의 얼굴이 차례로 떠올랐다. 그는 마을 언덕 사과나무 아래 쓰러졌다. 온 세상이 모두 달리고 있는데 자신만이 낙오자가 된 것 같았다. 한스의 가족이 완전히 탈진한 한스를 발견한 것은 이튿날 아침이었다. 그러나 한스는 집에 돌아오자마자 숨을 거두고 말았다.

주위 사람들의 기대를 한 몸에 받던 한스 기벤라아트는 왜 인생의 낙오자가 되었는가? 그것은 아마 자기의 재능을 과대평가하고 너무 큰 기대를 가지고 그를 바라보는 주위 사람들의 기대와 수도원에서 만난 하일러의 자유분방하고 감성적인 삶이 한스의 삶의 질서를 깨뜨렸기 때문일 것이다. 혹은 엠마와의 첫사랑의 실패 때문이었을지도 모른다. 하지만 그것은 무엇보다도 한스 자신의 연약한 의지 때문이엇을 것이다.

그러나 우리가 가련한 한스를 비판하는 대신 연민하는 것은 그의 고뇌와 삶이 마치 나 자신의 삶의 한 면을 보는 것 같이 느껴지기 때문이다. 어린 소년 한스에게 오직 공부를 잘해서 출세해서 가문과 고향을 빛내주기를 기대하던 그 사회의 무거운 요구가 한스를 죽인 가장 큰 원인일지도 모른다. 젊은이의 의지의 날개를 꺾는 기성 사회의 이와 같은 출세지향주의와 체면지상주의는 동·서양과 시대의 간격까지 뛰어 넘으면서 젊은이들을 억압하고 있는 것 같다.

소설의 제목 「수레바퀴 아래서」는 한스가 신학교에 입학했을 때 교장이 "삶에서 지쳐 쓰러지지 않도록 하라. 그렇지 않으면 수레바퀴 아래 깔리게 된다"고 한 말에서 따온 것이다. 마치 요즈음 한국의 교육현장을 보는 것 같아서 씁쓸한 마음이다.

사람은 누구나 자신의 삶을 살 권리를 가지고 있다. 내 자녀라고 할지라도 내가 원하는 것을 강요할 권리를 가진 부모는 아무도 없다. 청소년들이 입시 전쟁과 과중한 부모의 기대에 눌려서, 저 가련한 한스 기벤라아트 처럼 되도록 내버려 두어서는 안 될 것 같다.

기다림

사무엘 베케트의 「고도를 기다리며」에서

⁓⁕⁓

임어당은, "어떤 사람과 오후 세 시에 만날 약속이 되어 있다면 그는 이미 하루를 잃어버린 셈이다"라고 말했다. 그는 약속을 위한 기다림과 약속이란 것 자체의 구속력을 생각했던 것 같다. 그러나 쌩 떽쥐뻬리의 어린 왕자는 세 시에 친구를 만날 약속이 있다면 아침부터 행복해 질 것이라고 했다. 생각해 보면 인생이란 주위 사람들의 기다림 속에서 시작되어서 기다림 속에 살다가 기다림 속에서 사라져가는 것이다.

우리나라에서도 여러 번 공연된 바 있는 사무엘 베케트의 이 희곡은 기다림 속에서 이어지는 인간의 삶과 미래에 대한 막연한 기대를 풍자하기 위해 쓰여진 작품이다. 1953년에 발표된 이 희곡은 절망에 빠진 인간에게 기쁨과 희망을 준 작품이라 하여 1969년에는 노벨 문학상을 수상하기도 했다.

막이 오르면 황량하기 짝이 없는 무대가 보이고 무대 가운데는 잎 떨어진 앙상한 나무 한 그루가 서 있다. 허름한 점퍼 차림의 에스트라공이 길가에 앉아 구두를 벗기 위해 애를 쓰고 있고 그 곁으로 낡은 연미복에 때 묻은 넥타이를 맨 블라디미르가 다가가서 그들은 서로 이상한 이야기를 주고받기 시작한다. 그 두 사람에게 공통점이 하나 있다면 둘이 똑같이 '고도' 라는 사람을 기다리고 있다는 사실이다. 두 사람의 이야기는 대개 이런 것이었다.

연미복의 블라디미르가 자기는 어제도 이곳에 왔다고 말하자 에스트라공은 그렇지 않다고 대꾸한다. 블라디미르가 오늘은 토요일이라고 말하자 에스트라공은 금요일이라고 우기다가 어쩌면 오늘은 목요일인지도 모른다고 말한다.

그들의 이야기를 종합해보면 그들 둘은 거기가 어딘지, 오늘이 몇월 며칠 무슨 요일 몇 시인지, 고도가 누구인지, 또 그를 왜 기다리는지도 모르는 것 같다. 그들이 어렴풋이 알고 있는 것이라고는 고도가 나타나면 그들은 구원받게 될 것이라는 것과 밤이 오면 더 기다릴 필요가 없다는 것, 그리고 내일 다시 기다릴 수 있다는 것 정도였다.

그들은 아무리 기다려도 나타나지 않는 주인공 때문에 때로는 불안하고 때로는 절망적인 순간을 맞기도 한다. 그들은 무료한 시간을 보내기 위해 맞지도 않는 무의미한 이야기를 나누며 어린 아이같이 장난을 치기도 한다.

그들이 안타깝게 기다리고 있을 때 거만한 부자 포조가 무거운 짐을 두 손에 든 하인 럭키의 목에 밧줄을 메어 끌고 나타난다. 장면이 바뀌어진 후에, 즉 하루가 지난 후에 갑자기 하인 럭키는 벙어리가 되고 포조는 장님이 되어 다시 등장한다. 언제부터 눈이 멀었느냐고 묻는 말에 포조는 "시간 따위는 아무래도 좋지. 언제인가 그 시각에 장님이 되었을 뿐이오" 하고 대답한다. 그러고 보니 무대 한 가운데 서 있던 황량한 나뭇가지에는 어느새 싹이 돋아 있었다. 과연 시간이 하루만 지난 것인가? 블라디미르와 에스트라공은 현실에 있는 것인가, 꿈의 세계 속에 있는 것인가?

그때 한 소년이 나타나서 "오늘은 고도 씨가 오시지 못합니다. 내일 다시 와서 기다려 주십시오" 하고 말한다. 그들은 고도는 꼭 올 것이라고 스스로 위로하며 또 오지 않을 이유가 없다고 확신하면서, 또 하나의 '하루'가 지나간 것에 안도의 한숨을 쉬며 퇴장한다.

한 번도 모습을 나타내지 않는 주인공 고도는 누구인가? 프랑스어로 "Godott"는 영어의 "God", 즉 하나님을 뜻한다는 의견이 지배적이다. 그러나 비평가들은 고도는 죽음을 의미한다고도 하고, 포조가 바로 고도일 것이라고도 한다. 아무래도 고도는 인간이 만나게 되어 있는 죽음을 의미하는 것 같고, 거만한 포조는 인류사회를 억압하고 있는 구조적 악과 지배층을 의미하며, 그의 노예 럭키는 그들의 하수인을 의미하는 것 같다.

그 둘이 벙어리가 되고 장님이 되기까지 고도는 오지 않을 것이며, 고도가 오기 전에 그들이 앞을 못보고 듣지 못하여 무력해질 때 비로소 마른 나무에 새 잎이 피듯 인간 세상에는 이사야 선지자가 말한 것 같은 이상향이 올 것이라는 예언인 것 같다. 그런 새 시대가 속히 오기를!

인생의 가치

헤르만 헤세의 「지성과 사랑」

✦

헤르만 헤세의 대부분의 작품들이 그렇듯이 우리가 감상하고자 하는 「지성과 사랑」 역시 선과 악, 밝음과 어두움, 영혼과 육체, 지식과 사랑 등의 개념을 날카롭게 대조시키면서 이야기를 전개해 나간다. 이야기는 마리아브론이라는 이국적 정취의 수도원에서부터 시작된다. 이 수도원에는 순수하고 겸손한 다니엘 원장 아래서 기사다운 몸가짐과 매력적인 희랍어를 사용하는 나르찌스라는 소년이 수도 생활을 하고 있었다. 어느 날 저녁 이 수도원에는 골드문트라는 사교적이고 잘 생긴 소년이 다니엘 원장의 문하에 수도생으로 들어오게 된다. 이때부터 이 지적인 나르찌스와 감성적이고 충동적인 골드문트의 우정이 이 소설 전체의 흐름을 이루게 된다.

어느 날 골드문트는 밤에 친구들과 함께 마을에 내려갔다가 한 소녀로부터 처음으로 뺨에 키스를 받고 고민에 빠진다. 며칠 동안 고민을 거듭하던 골드문트는 나르찌스에게 그 사실을 고백한다. 나르찌스는 "금지된 것을 비웃을 수 있는 것이 곧 인간일 것"이라고 하면서 골드문트를 위로해주었다. 이어서 나르찌스는 "인간이 육체적 욕망을 따르는 길도 성자가 되는 지름길의 하나일 것"이라는, 골드문트로서는 이해하기 어려운 말을 던져 준다.

골드문트는 끊임없이 이런 문제를 생각하면서 마을에 내려갈 때마다 여러 여자들로부터 유혹을 받다가 결국은 수도원을 떠날 결심을 한다. 이때부터 시작된 그의 방랑 생활은 그의 한 생애를 꽉 채우게 된다. 그는 가는 곳마다 여성들을 가리지 않고 사귀면서도 끊임없는 방랑벽 때문에 수많은 여자들을 울린다. 그는 방랑을 통해 쾌락과 고통이 결국은 하나라는 사실을 발견하고, 뜻하지 않게 두 번씩이나 살인도 하게 되며, 참회하기 위해 들어간 성당에서 아름다운 성모 마리아상을 발견하고 그것을 조각한 니콜라우스를 찾아가서 조각과 그림을 배우기도 한다.

골드문트에게는 하루하루가 새롭고 신비한 나날이었다. 특히 위대한 조각가 니콜라우스와 그의 딸 리이스베트를 만나게 된 것이 그의 삶에 새로운 전기를 마련해준다. 이 위대한 조각가는 자기 딸의 아름다움에 감탄하며 시기심과 사랑에 얽매여 살고 있었으며, 골드문트는 조각가의 딸의 영상을 통해 어머니를 그리다가 마침내 자기 자신이 조각에 열중하는 것은 예술성 때문이 아니라 어머니를 그리는 마음 때문이라는 사실을 깨닫고 어머니를 찾아 다시 방랑길에 나선다.

그는 새로운 방랑길에서 또 다시 수많은 여성들을 유혹하고 유혹받기도 했으나 그 모든 일에 싫증을 느끼고 조각선생 니콜라우스를 다시 찾아간다. 그러나 니콜라우스는 이미 수년 전에 죽고 없었다. 골드문트는 그곳에 남아서 그림을 그리면서 총독의 애인을 만나 사랑에 빠졌다가 발각되는 바람에 감옥에 갇히게 되었다. 골드문트는 오직 살아야겠다는 욕망으로, 고해성사를 받으러 오는 신부를 죽이고 그의 옷을 빼앗아 입고 탈출할 계획을 꾸민다. 그러나 고해성사를 받기 위해 들어온 신부는 바로 오래 전에 수도원에서 헤어졌던 그의 친구 나르찌스였다. 그들은 그렇게 만나서 함께 나르찌스가 원장이 되어 있는 마리아브론 수도원으로 돌아갔고, 골드문트는 거기서 마리아 목조상 조각을 시작한다.

골드문트는 조각이 완성된 2년 후에 또 다시 말을 타고 방랑의 길을 떠난다. 그러나 이제 늙고 지친 골드문트를 반기는 여자는 아무도 없었다. 어느 부슬비가 내리는 오후에 그는 피로하고 지친 모습으로 절름거리며 다시 수도원으로 찾아와서 나르찌스에게 평생 동안 어머니를 그리워했다는 유언을 남기고 쓸쓸하게 눈을 감는다.

우리는 이 소설에서 헤르만 헤세 유의 대조적인 두 인간상을 본다. 지성과 정열, 정과 동, 사색과 행동. 냉철한 나르찌스는 충동적인 골드문트의 여성편력과 살인까지도 이해하고 포용했으며, 골드문트는 수많은 도덕적 악을 저지르면서도 그의 마음속에는 인자하고 따뜻한 어머니와 언제나 사랑으로 자신을 용서해 줄 친구 나르찌스를 그렸다.

인간이 돌아갈 곳은 결국 처음 떠나왔던 곳이라는 무언의 웅변이 이 소설 속에 있다. 우리는 나르찌스를 선택하지만 골드문트를 사랑할 수 있어야 한다. 그것이 곧 세리와 창녀를 용서하신 예수의 사랑, 즉 인간에 대한 연민이 아닐까.

헛된 집념

허만 멜빌의 「모비 딕」에서

❧

허만 멜빌은 19세기 초 미국에서 태어나서 불행한 소년시절을 보냈다. 그는 서기, 농장 노동자, 교사, 선원 등의 여러 직업을 전전하다가 선원 경험을 기초로 해서 이 소설을 쓰게 되었다. 이 소설에 등장하는 모든 인물은 구약성경에 나오는 한 인물과 동일한 이름을 가지고 상징적으로 사용되고 있으며, '피쿼드'라는 포경선은 아마도 19세기의 미국 사회, 혹은 그 사회 속의 무엇을 상징하는 것처럼 보인다.

"나를 이스마엘이라 불러주시오."

이것이 「모비 딕」의 첫 구절이다. 이스마엘은 아브라함과 그의 여종 하갈 사이에서 태어난 서자로서 구약성경 창세기 11장에 그 이름이 처음 언급된 인물이다. 후에 아브라함의 본처 사라가 아들 이삭을 낳은 후에 하갈을 시기하기 시작했다. 하갈은 사라의 박해를 견디다 못해 어린 이스마엘을 데리고 광야로 도망쳤다. 그 후 이스마엘은 오늘날 아랍제국의 일부를 이루는 큰 민족이 되었다. 그로부터 오늘에 이르기까지 이삭의 후손 이스라엘과 이스마엘의 후손 아랍은 서로 철천지 원수가 되었다.

이스마엘은 세상에 태어나기도 전에 그에게 선포되었던, "그 손이 모든 사람을 치겠고 모든 사람의 손이 그를 칠지며"(창세기 16:12)라는 예언을 성취시키기라도 하려는 듯, 오늘날 그들의 거주지는 테러의 중심지가 되어 있다. 멜빌이 고래잡이 이야기의 화자(話者)에게 '이스마엘'이란 이름을 붙인 데는 이와 같은 역사적 배경이 깔려 있다.

소설 속의 이스마엘은 방랑벽을 타고난 무일푼의 가냘픈 선원이었다. 그의 전 재산은 찌그러진 가방 하나뿐, 그는 그것을 들고 값싼 여인숙을 찾아서 부둣가를 헤매는 떠돌이였다. 그는 이곳 저곳 일거리를 찾아 헤매다가 마침내 포경선 피쿼드 호에서 일자리를 얻고 악명 높은 선장 아합을 만나게 된다.

아합은 구약성경에 나오는 북 왕국 이스라엘의 7대 왕으로서 이교도인 이세벨을 왕비로 맞아들이고 그녀의 조언을 받으면서부터 마음이 악해지기 시작해서 성전예배를 폐지하고, 농부 나봇의 포도원을 빼앗았으며, 전쟁을 일으켜서 수많은 장정들의 피를 흘리게 하다가 결국 자신도 전장에서 비참한 최후를 맞은 인물이다.

소설 속의 아합 역시 거대한 흰 고래 모비 딕과 필생의 싸움을 벌이는 잔인하고 완고한 선장역을 맡았다. 아합의 화려한 데뷔에 비해 이스마엘의 등장은 너무나 초라했다. 아합이 거대한 포경선의 선장으로서 선원들의 생사를 한 손에 쥐고 흔들며 수많은 청중의 탄성과 갈채 속에 오대양을 자유자재로 항해하는 동안, 이스마엘은 신출내기 선원으로서 선장의 명성과 권위에 눌려서 그의 기침소리에도 놀라는 미약한 존재일 뿐이었다.

아합과 그의 무리들이 역사의 중앙무대에서 그들의 기량을 마음껏 발휘하며 종횡무진하는 동안 이스마엘은 조그마한 보조무대에서 희미한 조명을 받으며 조연을 연출해야 했다. 그는 언제나 너무 잘하면 시기의 대상이 되어 생명을 부지하기 어려울 것이며, 무능하면 추방당할 것이라는 강박관념 속에 전전긍긍하며 끝까지 충실한 아합의 종복으로서 그의 그늘에 남아 있기를 선택했다.

아합 선장은 피쿼드 호를 출범시켰으나 본래의 목적인 고래잡이에는 전혀 관심이 없고, 오직 그의 한 쪽 다리를 앗아간 '모비 딕'만을 찾아 오대양을 샅샅이 뒤지고 다녔다. 선원들은 잡은 고래의 양에 따라 이익배당을 받기 때문에, 고래잡이를 포기한 아합에게 불만이 가득했으나 그 누구도 감히 그 앞에 나가서 불평을 털어놓지 못했다. 오히려 선원들은 선장의 권위와 집념에 사로 잡혀서 마음에도 없는 열의를 나타내기 일쑤였다.

마침내 그들은 일본열도에서 모비 딕을 발견하고 생사를 건 싸움을 벌인다. 사흘 간의 사투 끝에 아합은 고래의 등줄기에 작살을 명중시킨다. 그러나 환희도 잠시였다. 작살에 맞은 고래가 몸부림을 치는 바람에 선장은 작살 줄에 목이 걸려 물 속으로 빨려 들어가 버리고, 고래의 거대한 꼬리에 맞은 피쿼드 호는 구멍이 뚫려서 침몰하고 만다.

그들은 모두 침몰하였다. 화려한 데뷔와 갈채, 대단했던 권위와 이기심, 복수와 분노, 아첨과 맹종은 모두 파도 속으로 가라앉고 보조무대의 조연 스타 이스마엘만이 물에 떠 있는 술통을 잡고 간신히 목숨을 건졌다. 그는 알려지지 않고, 항상 그늘에 있고 초라했으나, 화려한 주인공들이 사라진 후에 홀로 남아서 그 모든 숨은 이야기를 세상에 전하는 증인이 되었다.

역사의 주인공이 되어 찬란한 각광을 받으려는 이는 아합과 같이 화려하지만 짧은 생애를 대가로 받을 각오를 가져야 할 것이며, 항상 주인공의 그늘에 가려 있는 이들은 역사의 산 증인이 될 축복을 기대할 수 있을 것이다. 모두 모세가 되고 사무엘이 되고 솔로몬이 되어 버린다면 누가 그들의 충직한 시종이 되어 역사의 수레바퀴를 돌린단 말인가? 역사의 뒤편 그늘진 곳에서 허덕이는 소외된 사람들이여, 그대들에게도 조그마한 위로가 있으니 괴로울 때는 이렇게 말하라.

"나를 이스마엘이라 불러주시오."

끝까지 지켜야 할 선한 동기

이문열의 「사람의 아들」에서

◈

이문열은 1979년에 문단에 데뷔해서 수많은 작품을 발표했다. 그 중 「사람의 아들」만큼 잘 알려지고 많이 읽혀진 작품은 없는 것 같다. 그가 데뷔한 1979년에 「세계문학」은 「사람의 아들」의 작가로서의 이문열에게 "오늘의 작가상"을 수여하기도 했다.

김동리의 「사반의 십자가」가 사반과 예수라는 두 인물의 가치관을 대조시키면서 이야기를 이끌어 나갔던 것처럼, 「사람의 아들」은 이상주의자 민요섭과 행동파 조동팔을 대조시켜 이야기를 이끌어 나가면서, 동시에 민요섭을 아하스페르츠라는 1세기의 한 청년으로, 조동팔을 예수를 배반한 그의 제자로서 유대 근본주의자 가룟인 유다에 비유했다.

이 소설은 기도원 살인사건을 맡게 된 남경사가 피해자 민요섭의 과거를 조사하면서 발견한 한 인간의 신앙적 갈등에서부터 시작된다. 민요섭은 이지적이며 천재적 재능을 가진 젊은 신학생이었으나 현실적 삶과 종교적 이상 사이의 갈등을 해결하지 못하고 기독교 신앙 자체를 회의하게 된다.

그는 인간이 하나님의 형상을 따라 지음 받았다는 것은 외적 형상을 의미하는 것이 아니라, 내적 형상, 곧 하나님의 마음을 소유한 존재로 지음받은 것을 의미한다고 생각하고 인간은 하나님의 마음, 즉 양심의 소리에 따라 실천적인 삶을 살아야 한다고 굳게 믿었다. 그러나 그는 장로 부인과의 불륜이 문제가 되어 신학교에서 퇴학을 당하자 제법 넉넉했던 유산을 모두 정리해서 가난한 이들에게 나눠주고 이곳저곳 노동판을 전전하면서 서민 생활을 체험하며 살아간다.

민요섭은 그의 일기에, 1세기 경 아하스페르츠라는 청년이 신앙적 회의를 느끼고 고민하는 중에 아버지와 불화를 빚고 유부녀와 불륜의 관계를 맺고 집을 떠나 이방지역을 정처없이 방황하는 이야기를 적는다. 독자는 여기서 아하스페르츠가 민요섭의 내면 세계의 분신임을 발견한다. 그러면 민요섭의 일기장에 적힌 아하스페르츠는 어떤 인물인가?

그는 진리를 찾아 출가한 후 메시야를 자처하는 거짓 메시야 테도스를 따라 10년 간 애굽과 아라비아의 여러 노동판과 지하 감옥, 처형장 등을 방황한 끝에 세상에 있는 모든 신들은 우상에 불과하다고 판단하고 고향으로 돌아간다. 그는 '쿠아란타리' 광야에서 예수를 만나 기적을 일으켜 세상을 구할 것을 요구했으나 거절당하자 유다와 모의해서 예수를 로마군에 밀고하였다. 그러나 예수가 죽음에서 부활할 것이라는 말을 듣고는 불현듯 두려움을 느끼고 홀연히 자취를 감추어버린 인물이다.

민요섭은 B항구에서 노동을 하면서 하숙집 주인의 아들 조동팔을 알게 된다. 조동팔은 민요섭의 사상과 삶에 매력을 느끼고 그와 함께 노동을 하면서 그의 열렬한 추종자가 된다. 그들은 T시와 I(아이)시에서 함께 일하고 가난한 이들을 위해 구제 사업을 펴면서 종교단체를 만들어 자기들이 구상한 새로운 하나님을 믿도록 전도행각도 벌였다.

남경사의 수사가 여기까지 와서 아무런 진전을 보이지 못하자 수사본부는 해체되고 만다. 남경사는 민요섭이 종교 단체를 해체한 후에 조동팔과도 작별하고 다시 신학교로 돌아가겠다고 말한 것을 포착하고 조동팔의 소재파악에 나섰다. 남경사는 조동팔이 경범죄를 범하고 가명으로 교도소에 숨어 지낸다는 것을 알아내고 그를 찾아 나섰다. 그러나 그 사이에 조동팔은 만기 출소해서 스스로 남경사를 찾아가서, 다시 옛날 신앙으로 돌아가려고 한 민요섭에게 배신감을 느끼고 그를 살해했다는 사실을 고백하고는 자살하고 만다.

'사람의 아들' 이란 말은 구약성경 다니엘서와 에스겔서 또는 이사야서 후반부 등의 묵시문헌과 신약의 공관복음에 나타나는 표현으로서 초월적인 능력을 가진 하나님의 아들 메시야의 신분과 고난 받는 종의 모습을 동시에 나타내는 말이다.

그러나 작가가 이 소설의 제목을 「사람의 아들」이라고 한 데는 하나님의 권능을 소유한 절대자로서의 메시야보다 서민대중의 고통과 눈물을 이해하는 인간으로서의 하나님의 모습을 부각시키려 했던 것 같다. 진정한 깨달음 없이 맹목적으로 존경하는 사람의 믿음을 추종하던 조동팔의 신앙행각이 결국은 존경하던 그 사람을 살인하는 비극으로 끝났다는 사실은 우리에게 사람이나 신앙 양자 모두에 대한 맹종의 위험성을 일깨워 준다.

폭력이냐 혁명이냐

앙드레 마르로의 「인간 조건」에서

※※

「인간 조건」은 중국 대륙이 공산혁명의 소용돌이 속으로 휩쓸려 들어갈 무렵, 그 암흑시대를 통과한 작가의 생생한 체험과 작가의 동양에 대한 풍부한 지식을 바탕으로 저술된 대작이다. 작가 앙드레 마르로는 1901년 프랑스 파리의 비교적 부유한 가정에서 태어나서 정규교육의 일부로 동양 언어를 연구하였으며 그 영향으로 「왕도」, 「정복자」 등 중국을 배경으로 한 소설을 남겼다. 우리가 감상하고자 하는 「인간 조건」은 1927년 상해에서 일어난 소위 "4·12 쿠데타"를 소재로 인간의 삶과 죽음에 관한 문제를 다루고 있다. 이 소설은 시작부터 끝까지 무겁고 침울한 분위기 속에서 사건들이 전개된다.

상해를 공산혁명군에게 넘기려는 폭동계획이 실천단계에 이르렀다. 그러나 테러리스트 진(陳)에게는 200자루밖에 안되는 총밖에 없었다. 진은 무기상 달염대(達炎大)를 암살하고 무기양도 증명서를 강제로 받아내어 기다리고 있는 동료들을 찾아간다. 진은 혁명 전야에 동료 중 하나인 기요의 아버지인 전 북경대학 교수를 지낸 지조오르를 만나게 된다. 그와의 대화를 통해서 진은 자기들의 싸움은 명예나 권력이나 돈을 추구해서는 안 되며, 치열한 전투 속에서 설혹 살아남아 혁명을 성공시킨다고 해도 자신들을 기다리고 있는 것은 결국 죽음뿐이라는 사실을 깨닫게 된다. 테러리스트에게는 오직 죽음만이 기다리고 있을 뿐이다. 문득 진은 여러 동지들 가운데 싸여 있으면서도 고독을 느낀다.

드디어 혁명이 시작되었다. 혁명군은 경찰을 무장해제 하고 그들에게서 빼앗은 무기를 혁명군에게 넘겨준다. 그들의 혁명이 거의 성공단계에 접어드는 듯 했을 때 장개석의 국민당 정부군의 반격이 시작되어 싸움은 실패로 끝나려 했다. 진과 그의 동료들은 타협하지 않고 계속해서 싸우려 했으나 혁명군 대표부에서는 정부군과 협상하려고 했다. 진은 혁명 본부의 명령을 거역하고 장개석을 암살하기위해 철저한 사전 답사와 준비를 하고 길목을 지키지만 장개석의 차가 너무 빨리 지나가는 바람에 암살계획은 실패하고 만다. 진은 폭탄을 안고 장개석의 차라고 생각되는 차 밑으로 들어갔으나 폭탄이 불발되자 그 자리에서 자살하고 만다.

진의 동료 엠멜릭흐는 정부군에게 아내와 자녀를 잃어버린 후에 비로소 자유로워져서 전선에서 더욱 용기 있게 싸운다. 그러나 전세가 불리해지면서 대부분의 대원들이 체포되고 남아있던 대원들은 사람을 죽이는 데도 싫증을 느낀다. 그들은 체포되어도 정치범이라고 해서 특별대우를 받았으며 부패한 관리들은 뇌물을 받고 혁명대원들을 석방해주기도 한다. 그들은 그 사회에 만연한 부조리를 체험한다. 기요는 자살하고, 카토브는 남은 동료들에게 청산가리를 나눠주고 자신은 불 속에 뛰어들 결심을 하지만 체포되고 만다.

기요의 아버지, 지조오르는 죽음의 도시 상해를 빠져나가서 고베로 간다. 그는 기요의 아내, 즉 자기의 며느리에게, "인간을 만드는 데는 아홉 달이 걸리지만 죽이는 데는 한 순간으로 족하다"고 하면서 상해 혁명의 끔찍한 장면들을 회상한다. 그는 모스크바로 가자는 며느리의 청을 단호하게 거절한다. 그는 더 이상 공산주의자로 남기를 거부한 것이다.

한국 사회 역시 동족상잔과 혁명의 소용돌이 속에서 반세기가 지나 갔다. 그러는 사이에 우리는, 혁명은 목적을 달성하기 위해서는 수단과 방법을 가리지 않는다는 사실을 깨달았다. 그것이 공산주의 혁명이라면 더욱 그렇다. 만인평등과 인간성의 회복을 위해 봉기한 혁명이 전보다 더 가혹하게 짓밟히는 인간성 위에 폭탄을 쏟아 부어야 한다면 혁명의 의미가 무엇인지 다시 생각해야 할 것이다. 우리는 「인간 조건」의 어두운 분위기와 폭력과 살육이 더 이상 인류 역사에 나타나지 않기를 빌어야 하겠다.

순간의 선택

게르하르트 하우프만의 「선로지기 티일」

콩쥐 팥쥐 이야기를 포함해서 우리는 어릴 때부터 못된 계모에 대한 이야기를 들으면서 자라났다. 그래서인지는 모르겠으나 사람들은 대부분 사실 여부와 상관없이 계모에 대해서는 부정적인 인상을 가지고 있는 것 같다. 「선로지기 티일」 역시 못된 계모에 대한 이야기이다.

선로지기 티일은 주일에는 한 번도 빠짐없이 교회에 출석하는 독실한 기독교 신자이다. 그는 신체도 건강해서 10년 동안 철도원 생활을 하면서도 몸이 아파서 빠진 것은 단 두 번밖에 없었다. 여자에게는 관심도 없는 것 같이 살아온 티일이 어느 주일날 병약해 보이는 한 여자와 함께 교회에 오더니 얼마 되지 않아 그 여자와 결혼했다.

그러나, 착하지만 몸이 약한 아내는 11년 동안의 결혼 생활 동안 토비아스라는 아들 하나를 남기고 일찍 죽고 말았다. 티일의 슬픔은 이루 말할 수 없이 컸다. 티일은 일터에 나가서 기차가 오지 않는 시간에는 선로에 귀를 대고 죽은 아내를 생각하며 아무도 듣는 이 없이 혼자 찬송가를 부르는 것을 큰 기쁨으로 여기며 쓸쓸하게 살아간다.

아내가 죽은 지 일 년이 지난 후, 죽은 아내를 생각하며 평생 혼자 살 것이라는 마을 사람들의 예상을 깨뜨리고 티일은 레네라는 우유 짜는 여자와 재혼했다. 사람들은 수군거리며 은근히 티일을 욕했지만 티일은 어린 토비아스를 돌보기 위해서 어쩔 수 없이 선택한 결혼이었다. 새로 맞이한 아내는 기대했던 것처럼 든든한 일꾼이었으나 세월이 지나가면서 결점이 나타나기 시작했다.

티일은 레네에게서 세 가지 결점을 발견했다. 즉 레네는 성격이 거칠고 고집이 세었으며, 싸우기를 좋아하고, 항상 남편과 함께 있으려고만 했다. 레네는 남편을 제쳐놓고 집안일도 거의 좌지우지했으나 아들 토비아스만은 잘 돌보는 편이었다.

가정에서 재미를 얻지 못한 티일은 점점 혼자 있는 시간이 많아지고 직장에 나가서도 기차가 오지 않는 시간에는 자기가 근무하는 숲속의 초소에서 죽은 아내를 추억하는 것으로 하루를 보내기가 일쑤였다. 그는 몸이 약했던 첫 번째 아내와는 많은 시간을 함께 지내지 못하다가 살찌고 건강한 레네에게는 마치 노예처럼 끌려 다니며 언제나 함께 있는 것까지도 미안해 졌다. 그는 낮 시간은 근무처에서 죽은 아내에 대한 추억으로 보내고 밤은 아내의 사진을 걸어놓고 찬송과 기도로 지새었다.

한편, 어린 토비아스는 발육이 몹시 늦었으며, 처음에는 토비아스에게만은 잘해주던 레네도 자기 아들을 낳은 후에는 토비아스를 학대하기 시작했다. 어느 날 티일은 잊어버린 도시락을 가지러 집에 다시 돌아갔다가 레네가 토비아스를 심하게 욕하는 것을 목격했다. 그러나 티일은 아무 말도 하지 못하고 도시락만 챙겨서 나왔다.

그러던 어느 날, 티일은 자신이 근무하는 초소 부근에 감자밭을 일구기 위해, 내키지는 않았지만 가족을 다 데리고 나들이를 갔다. 오랜만에 하는 외출이었기 때문에 어린 토비아스는 기뻐서 어쩔 줄을 몰라했다. 그러나 불행은 예기치 못한 곳에서 왔다. 슈레이엔 행 기차 시간에 맞추어서 티일이 초소로 돌아가서 기차가 지나가도 좋다는 통과 신호로 푸른 기를 흔들다가 생각하니 토비아스는 선로 위에 남겨 둔 것이 생각났다. 티일이 그것을 깨닫고 정지 신호를 보냈을 때는 이미 열차가 지나가고 난 뒤였다.

티일은 피투성이가 된 토비아스를 안고 기절하고 말았다. 그로부터 몇 시간이 지난 후, 마을 사람들은 활짝 열린 티일의 집에서 끔찍한 살인 사건이 일어난 것을 발견하고는 티일을 찾아 나섰다. 사람들은 선로 위, 바로 토비아스가 죽었던 그 자리에서 아기를 쓰다듬듯이 갈색 털모자를 쓰다듬고 있는 불쌍한 티일을 발견했다. 그는 곧 체포되었으나 감옥으로 가지 않고 정신 병원으로 보내졌다.

하우프만의 이 소설은 계모 슬하에서 학대받는 한 소년과 그의 가정을 통해서 단란한 가정의 중요성을 일깨워 준다. 이 땅에는 토비아스처럼 학대받는 어린이가 얼마나 많을까. 그들에게 사랑을 베풀 방법을 생각해 보는 것이 어떨까? 이다음에는 착한 계모에 대한 이야기를 찾아보아야겠다.

인간 구원의 의미를 찾아서

김동리의 「사반의 십자가」

❦

이 작품은 한국이 낳은 불세출의 작가 김동리가 1955년과 1956년, 2년에 걸쳐 「현대문학」에 발표한 소설로서 대중의 흥미와 관심을 초월해서 순수문학을 추구한 작품으로 평가 받는다. 이 작품은, "인간 구원이 현실적인 것이냐, 혹은 영적인 것이냐" 하는 문제에 초점을 맞추고 집필된 것으로 보인다.

서기 1세기 경, 18세의 청년 사반은 오랜 방황 끝에 겔게사 부근의 한 동굴을 찾아가 그 동굴에서 은거하고 있던 아라비아의 점성가 하닷을 만난다. 하닷은 사반을 보고 장차 유대인의 왕이 될 것이라고 예언하면서 메시야와 힘을 합쳐 싸운다면 로마군을 무찌를 수 있을 것이라고 예언한다. 그 후 사반은 저항군 혈맹단을 조직해서 로마와 싸울 준비를 한다. 그의 혈맹단 안에는 후에 예수의 제자가 된 도마와 유다도 들어있었다.

바로 그 무렵 광야의 요한이 헤롯왕의 부패를 고발하다가 옥에 갇히게 되자 사반은 요한을 메시야로 믿고 그를 구출하려 한다. 그러나 그때 예수의 제자 도마가 요한은 기적을 일으키지 못하므로 메시야가 아닌

209

것이 분명하다고 하여 사반은 그 계획을 취소하게 된다. 한편, 도마는 예수가 메시야임에 틀림없다고 주장한다. 이 무렵 갈릴리의 청년 예수는 여러 곳에서 기적을 일으키며 사람들을 가르치기 시작했다.

사반은 하닷의 딸 실비아와 결혼해서 벳세다 부근의 호숫가에서 가정을 이룬 후 로마군과 싸울 생각은 하지 않고 사랑에 빠져 있었다. 그런 그를 일으켜 세우기 위해 아굴라가 사반의 아내 실비아를 아테타스 왕에게 넘겨줄 계략을 세운다. 아굴라의 계략대로 사반은 군사를 일으켜서 나바티아로 쳐들어가 실비아를 구출해서 겔게사 본부로 돌아온다.

혈맹단을 궤멸시키려는 로마군의 공세가 거세어지는 가운데 사반은 도마와 유다의 안내로 예수를 만나서 민족의 해방을 위해 로마를 치는 일을 함께 하자고 부탁한다. 그러나 예수는 무력을 통한 인간 구원이 중요한 것이 아니라, 사랑과 희생을 통한 영적 구원이 진정한 구원이라고 하며 사반을 돌려보낸다.

로마군의 대공세가 시작되어 욥바 항구가 불바다가 되고 사반의 겔게사 본부도 습격을 받아 수많은 부하들이 무참하게 죽는다. 사반은 간신히 탈출했으나 아굴라의 밀고로 눈에 부상을 입은 체 체포되고 만다. 한편 예수는 유다의 밀고로 감람원에서 체포되어 사반과 또 다른 강도와 함께 해골의 골짜기에서 십자가 처형을 당하게 된다.

사반은 최후의 순간까지 예수가 십자가 위에서 기적을 베풀어 그 자신뿐 아니라 위기에 빠진 조국을 구원해줄 것을 기대했으나 예수가, "나의 하나님, 나의 하나님, 왜 나를 버리시나이까?"라는 탄식과 함께 운명하자 모든 희망을 버리고 죽는다. 그때까지 살아남아 있던 혈맹단원들도 뿔뿔이 흩어지고 만다.

소설 중의 사반은 흔히 끝까지 예수님의 신분을 인정하지 않고 숨을 거둔 '십자가 위의 강도'로 알려진 인물인 것 같다. 이 소설은 다른 극단을 걷는 두 인물을 통해서 두 개의 가치를 대조시키고 있다. 즉 사반이 추구하던 현세적 인간 구원의 이상과 예수께서 가르치고 몸을 던진 영적이며 영속적 인간 구원이 그것이다. 당시 사반을 비롯한 유대인들의 과오는 "확고한 믿음 속에서 메시야를 기다리기 보다는 현세의 배고픔 절망을 피하기 위해 신앙을 활(이)용 하려는 것"이었다.

현실적 쾌락과 실리를 낱낱이 추구하면서 동시에 영적인 축복마저 얻으려는 태도는 옳지 못하다 하겠다. 작가가 이야기 하려고 한 사반의 십자가는 과연 무엇이었을까? 그것은 아마 구국과 혁명이라는 거창한 구호 뒤에 숨어 있는 인간의 나약한 이기심과 공명심이었을 것이다.

성실로 극복한 한 때의 실수

버나드 멜라머드의 「조수(助手)」

❦

버나드 멜라머드는 우리에게 그리 잘 알려지지 않은 20세기 초의 미국계 유태인 작가이다.

60세의 유태인 식품가게 주인 모리스 보우써는 뉴욕 브루클린의 우범 지역에서 아내와 딸과 함께 식품가게를 경영하면서 어렵게 산다. 아내 아이다는 항상 불평을 늘어놓으면서도 충실하며, 딸 헬렌은 대학에 가고 싶어 하면서도 어려운 가계를 돕기 위해 아버지의 가게에서 일하며 받은 월급을 도로 집에다 내놓는 착한 처녀이다.

어느 날 밤 가게에 있는 모리스에게 옆집 술가게 주인 카압이 전화를 걸어서 수상한 사람들이 서성거리고 있으니 경찰에 전화를 걸어달라고 했다. 모리스가 전화를 거는 사이에 도둑들이 모리스의 가게에 들어와서 권총을 들이댔다. 그러나 모리스의 금전등록기 안에는 돈이 15불 밖에 없었다. 강도 중 하나가 감추어둔 돈을 내놓으라면서 권총으로 모리스를 치고 달아났다.

모리스는 심한 상처를 입고 일주일 동안을 누워서 꼼짝할 수 없었다. 그런데 그날 모리스의 가게에 침입한 강도 중의 하나였던 프랭크 엘파인은 심한 양심의 가책을 느끼고 사죄할 길을 찾기 위해 모리스의 가게 근처를 기웃거린다. 사실 프랭크는 강도짓을 할 생각은 꿈에도 없었는데, 친구의 꼬임에 빠져서 순간적으로 일을 저지르게 되었던 것이다.

프랭크는 모리스가 병세를 회복하자 그를 찾아가서 돈은 안 받아도 좋으니 무슨 일이든 시켜만 주면 열심히 일하면서 장사를 배우고 싶다고 했다. 모리스는 아내의 만류에도 불구하고 그를 일꾼으로 고용했다.

프랭크는 열심히 일했으며, 강도짓을 해서 취한 돈 7불 50센트를 몰래 금전 등록기에 반환했고 그 집의 무남독녀 헬렌과도 점점 가까워진다. 헬렌의 어머니가 프랭크를 믿을 수 없는 인물로 생각하고 헬렌과의 관계를 의심하고 있던 어느 날, 프랭크가 가게의 금전 등록기에서 몰래 돈을 꺼내는 것을 발견한다. 사실 프랭크는 돈을 훔칠 목적이 아니라 급할 때마다 가끔 그렇게 돈을 꺼내 쓰고는 곧바로 남몰래 되돌려 놓곤 했었다. 그러나 그 일로 인해 프랭크는 곧 그 집에서 쫓겨나고 가까웠던 헬렌과의 사이도 멀어졌다.

그러나 프랭크는 모리스의 집을 멀리 떠나지 않고 언제나 부근에서 서성거렸다. 그러던 어느 날 가스 난방기 폭발로 위험에 빠진 모리스를 구출하게 되어 다시 그 집 점원이 된다. 그러나 프랭크가 과거에 자기가 그 집에 들어온 강도였다는 사실을 고백하자 다시 해고되고 만다. 그 후 프랭크는 화상을 입은 모리스를 다시 구해주지만 모리스는 결국 폐렴으로 죽고 가계는 더욱 어려워진다. 모리스의 아내는 내키지는 않았지만 매일같이 가게에 나와서 성심껏, 자기 일을 돌보듯, 가게를 수리하고 일을 돌보아 주는 프랭크를 받아들이지 않을 수 없었다. 프랭크는 자기를 혐오하는 헬렌에 대한 연모의 정마저 포기하고 오직 집안을 다시 일으키는 데만 온 정성을 다했다. 마침내 그는 할례를 받고 유태인이 되었다.

작가는 그의 모습을 이렇게 묘사했다:

그는 노예처럼 일하고 모든 것을 절약해서 아이다에게 돈을
준다. 그녀를 통해 헬렌을 돕기 위해서이다. 그러는 동안 사실
그는 모리스처럼 가난하고 헐벗고 희망 없는 인간이 되고 말
았다. 그는 고통에 파묻힌 인간, 즉 유태인이 되어 있었던 것
이다.

희망도 절망도 없는 평범한 삶의 이야기, 그러나 이 이야기 가운데
서 우리는 젊은 날의 순간적인 실수의 대가를 한평생 스스로 치루고 있
는 가련한 한 인간의 모습을 본다. 프랭크의 야망과 기회, 그리고 그의
사랑은 어디로 사라졌는가? 나는 그의 삶을 성실한 것으로 받아들여야
할 지, 못난 것으로 받아들여야 할 지 판단이 서지 않는다. 독자의 결론
은 무엇인지 묻고 싶다. 젊은 날, 한 때의 실수가 한 인간의 삶을 이렇게
속박할 수 있는가를 생각하면 절로 옷깃이 여며진다.
시편 기자의 말이 생각난다. "청년이 어떻게 그 행실을 바르게 하리
요? 오직 하나님의 말씀으로 할 것이니라."

참된 종교

G. E. 레싱의 「현자 나단」에서

레싱은 독일의 문학평론가이며 작가로서 신학과 고전어, 철학, 문학
등 여러 방면에 깊은 지식을 가지고 있었던 사람으로 일생 동안 볼펜뷔
텔 도서관의 사서로 일한 사람이다. 그는 한동안 희곡을 쓰는 데 열중했
으나 1948년부터 1960년까지 베를린에서 계몽주의자들과 가까이 지내
면서, 신학적으로는 합리주의적 사상과 인류는 하나이며 모두 평등하
다는 박애주의 사상에 영향을 받아 일생 동안 사서일과 저술을 통해 자
신의 사상을 발표하는 데 전념했다.

예루살렘의 유대인 나단의 집에는 레아라는 양녀가 하나 있다. 그러
나 레아는 자기가 나단의 친딸인 줄 알고 있다. 한번은 식구들이 모두
집을 비운 사이에 집에 불이 나서 레아는 매우 위험한 지경에 빠졌으나
회교 교주 살라딘의 포로로 잡혀있던 기독교인 성전기사가 뛰어들어
그녀를 구출해주었다.

유대교인인 나단과 기독교인인 성전 기사, 회교 교주인 살라딘은 서
로가 종교적인 이유로 적대관계에 있었다. 기사는 레아를 사랑했으나
그의 아버지가 유대교인인 것을 알고는 포기해 버렸다. 그러나 그는 나
단을 만나본 후에 그의 온화하고 지성적인 인격에 감동하여 레아에게

구혼하기로 결심하고 나단에게 결혼을 승낙해 달라고 한다. 그러나 이번에는 나단이 기사가 기독교인이라는 말을 듣고 대답을 회피한다.

한편 재정적 어려움을 겪고 있던 회교 교주 살라딘은 나단을 불러서 회교와 기독교와 유대교 중 어떤 것이 참된 종교인지 묻는다. 그것은 말트집을 잡아서 나단의 돈을 빼앗으려는 흉계였다. 나단은 대답 대신 아래와 같은 이야기를 한다:

옛날 동방에 신비한 힘을 가진 반지를 가보로 가지고 있는 가정이 있었다. 그 반지를 소유하는 사람은 만인에게 사랑과 존경을 받게 되는 것이었다. 그런데 그가 나이 많아 죽을 때가 가까워 오자 세 아들 중 누구에게 그것을 주어야 할 지 걱정이 되었다. 그는 세 아들을 똑같이 사랑하고 있었으며 그들은 똑같이 부지런하고 심성이 착했다. 할 수 없이 그는 모조품 두 개를 만들어서 세 아들에게 나눠주면서 그들에게는 각각 진품이라고 말했다.

후일에 진품을 가려내기 위해 재판까지 하게 되었으나 아무도 진품을 가려내지는 못했다. 판결문에서 재판장은, "이 사건은 판결하지 않는 것이 더 좋겠다. 너희 선친께서는 너희 셋을 똑같이 사랑하셨기 때문에 어느 한 사람에게만 가보를 줄 수 없어 그렇게 하신 것이니 너희들 각자가 진실한 사랑을 소유함으로써 너희가 가진 반지가 진품임을 증명하도록 하여라"고 말했다.

이 이야기를 들은 살라딘은 너무나 감격한 나머지 알라신의 이름을 부르며 나단에게 친구가 되어달라고 간청했다. 세 반지는 유대교와 기독교와 회교를 나타내는 것이었다. 그 후 회교 교주 살라딘은 기독교인인 기사와 유대교인인 나단을 화해시키고 레아와 기사가 결혼할 수 있도록 도와주려 한다. 그런데 그 과정에서 나단은 기사와 레아가 친 남매 간이며, 회교 교주의 동생의 자녀들이란 사실을 알게 된다. 그리고는 모두가 서로를 껴안고 감격한다.

이 소설 속에서 유대교인 나단은 기독교인들 때문에 가족을 다 잃게 되었으나 기독교인 고아 레아를 친딸처럼 양육했으며, 열렬한 기독교 신자인 기사는 유대교인을 증오하여 유대인의 집에는 발조차 들여놓지 않았지만 나단의 인격에 감동하여 자신의 편협함을 깨닫게 된다. 편협하기 짝이 없던 회교 교주 살라딘도 모든 종교의 진리 속에 하나의 이성적 진리가 존재한다는 사실을 깨닫고 유대인과도 친구가 된다.

레싱은 이 희곡 속에서 어떤 종교를 가졌든 인간은 서로 사랑하고 용서하고 도와야 한다는 것과 참 종교의 증거는 교리가 아닌 삶 속에서 발견되어야 한다는 진리를 가르쳐 준다. 이것을 말하기 위해 레싱은 이 소설을 썼던 것이다. 레싱은 여러 종교를 가진 사람들이 서로 어울려 살아야 할 한 가족이라는 사실을 강조하고자 했던 것이다.

한 수도사는 유대인 나단을 향해 "나단님, 당신이야말로 참 기독교인입니다"라고 말했다. 그것은 나단이 예수께서 인류에게 가르치신 참 사랑을 실천한 사람이었기 때문이다.

교회 안에 있는 이들은 신앙이면 그만이라고 생각할지도 모르겠으나 교회 밖에 있는 이들은 신자들의 사랑의 실천을 주시하고 있다. 진리는 교회에 있으나 그것을 빛내는 곳은 세상이어야 할 것이다.

오직 하나님의 손길로

도스토예프스키의 「카라마조프 家의 형제들」에서

❈

　도스토예프스키(Dostoevskii)는 1821년 모스크바에서 의사의 아들로 태어났다. 그는 포병학교에 입교해서 중위로 제대한 뒤에 서구문학을 섭렵하며 「가난한 사람들」을 집필하기 시작했다.

　그는 1849년에는 페트라세프스키(Petrashevskii) 혁명 운동에 가담했다는 죄목으로 사형 선고를 받기도 했으나, 시베리아 유형으로 감형되고 다시 특별 사면을 받아 1859년에는 모스크바로 돌아올 수 있었다. 우리에게 잘 알려진 그의 소설로는 「죄와 벌」, 「악령」, 「미성년」 등이 있다. 그는 두 번이나 결혼에 실패하고 경제적으로 매우 어려운 가운데서 글을 썼으나 세 번째 아내의 헌신적인 도움으로 그의 창작 활동은 활기를 띨 수 있었다.

　표도르 카라마조프에게는 세 아들이 있었는데 큰 아들 드미트리는 전처의 아들이었고, 둘째 아들 이반과 셋째 아들 알료샤는 후처의 소생이었다. 이 세 아들은 모두 독특한 개성과 고집을 가지고 있었다. 큰 아들 드미트리는 이 소설의 주인공으로서 모든 이야기의 중심이 되고 있다. 그는 난폭 하리 만큼 강인하고 정열적인 성품의 소유자로서 그의 영혼 속에는 찰나적인 정열과 보이지 않는 세계에 대한 동경이 공존한다. 그는 약혼자가 있는 상태에서 거리의 여자 그루센까를 만난 후에 그 여자와의 결혼을 허락해 달라고 아버지를 조른다. 이 일로 아버지와의 사이가 악화되자 그는 입버릇처럼 아버지를 죽여버리겠다고 말한다.

둘째 아들 이반은 현명하고 이지적인 인물이지만 너무나 이기적이며 하나님의 존재를 부인하고 인간에 대한 사랑을 거부하며 형 드미트리를 매우 싫어하였다. 막내 알료샤는 조시마 장로의 영향으로 기독교적 박애주의 정신을 가진 훌륭한 인격자였다.

표도르 카라마조프 가계에는 이들 세 아들 외에 스메르자코프라는 숨겨 놓은 아들이 한 명 더 있었다. 스메르자코프는 거지 여자에게서 난 아이로서 간질병까지 가지고 있었으며, 더구나 그는 아버지의 좋지 못한 성품과 둘째 아들 이반의 간사함과 이기심을 모두 소유하고 있었다. 그는 이반의 사상이라 할 수 있는 "무슨 일이든지 허용 된다"는 잘못된 고정관 념을 가지고 살았다. 그는 아버지의 집에서 종살이를 하다가 결국은 아버지까지 죽이고 만다.

어느 날 갑자기 아버지가 살해되고 돈이 없어지자 항상 입버릇처럼 아버지를 죽여버리겠다고 말하던 큰 아들 드미트리에게 혐의가 돌아간다. 사건이 일어나고 수사가 진행된 지 얼마 안 되어 그는 애인과 함께 먼 곳에 가 있다가 체포되어 돌아온다. 그리고 아버지를 죽인 혐의로 재판을 받게 된다. 드미트리가 재판을 받기 전 날 밤 스메르자코프는 이반을 찾아가서 아버지를 죽인 것이 자기였다고 고백하고 목을 매어 자살해버린다.

스메르자코프는 드미트리의 지시는 받지 않았지만 형이 그것을 원하고 있으며, 또 이반 역시 아버지가 속히 죽기를 원하고 있지 않았느냐고 말했다. 이 말을 들은 이반은 자신을 반성하며 깊은 회의에 빠지게 된다. 다음 날 법정에서 이반은 아버지를 죽인 것은 스메르자코프였고 그것을 교사한 사람은 자기였다고 주장하지만, 배심원들은 드미트리에게 유죄 판결을 내려 시베리아로 유형을 보낸다.

셋째 알료샤는 실의에 빠져 쓰러져 있는 이반을 간호하며, 한 편으로는 그가 돌보고 있는 수도원 학교의 학생들을 성심껏 가르친다. 알료샤는 언제나 그의 스승 조시마의 가르침을 마음에 되새긴다. "세계를 개조하기 위해서는 인간이 먼저 새로워져야 한다. 인간이 다른 사람을 형제처럼 느끼기 전에는 세계가 결코 하나가 될 수 없다."

이 작품은 도스토예프스키의 마지막 작품일 뿐 아니라 그의 문학과 사상의 총체이다. 도스토예프스키는 인간 구원은 인간 자신의 노력이나 힘으로는 불가능하며 오직 하나님의 능력만으로 가능하다는 사실을 셋째 아들 알료샤를 통해 말하다. 알료샤는 교활하고 이기적인 형 이반이 법정에 나가서 자신이 아버지의 죽음을 교사했다고 증언하고 새 사람이 되기를 바라면서 마음속으로 '하나님은 반드시 승리하실 것'이라고 확신한다.

이 소설은 매우 방대하고 복잡한 작품이어서 짧은 시간에 내용을 파악하기 어렵지만 아직 이 소설을 읽지 않은 이들에게 읽기를 권하기 위해 이 간단한 해설을 한다. 위대한 글을 읽으면 자기도 모르는 사이에 위대한 정신을 소유하게 된다.

영원한 가치

레오 톨스토이의 「부활」

⚜

   의지할 곳 없는 창녀 카츄사는 스멜리코프라는 상인을 독살한 혐의로 법정에 서게 된다. 은행에서 3,800루블이라는 큰돈을 인출한 스멜리코프가 카츄사를 찾아간 날, 그는 카츄샤로부터 하얀 가루가 든 꼬냑을 받아 마시고 독살되었다는 것이 혐의사실이었다. 그러나 카츄샤는 모든 혐의사실을 완강하게 부인한다.

   배심원 중의 한 사람인 귀족 네푸류토프는 배심원석 맨 앞줄에 앉아서 고뇌에 찬 모습으로 불쌍한 카츄샤를 바라보고 있었다. 그로부터 10년 전인 대학 3학년 시절 네푸류토프는 여름방학 동안 논문을 쓰기 위해 마리아 이바노프 고모 댁에 갔다가 그 집 행랑어멈의 손녀 카츄샤를 만나 곧 사랑에 빠진 일이 있었다. 그러나 아무런 약속도 없이 떠난 네푸류토프로부터 소식이 없자 배신감을 견디지 못한 카츄샤는 집을 떠나 이곳저곳을 방황하다가 창녀가 되고 살인누명까지 쓰게 되었던 것이다. 네푸류토프의 마음속에서는 참회의 눈물이 솟구쳐 올라왔다.

   배심원들은 모두 카츄샤의 무죄를 결정하였으나 재판기록을 담당한 서기가 "살해 의사는 없었음"이라는 문구를 빼먹는 바람에 카츄샤는 4년 유배형을 선고받게 된다. 네푸류토프는 어떻게 해서라도 카츄샤의 무죄를 입증해주고 싶었다. 그는 고등법원에 상고신청을 해놓고 카츄샤가 구속되어 있는 구치소로 면회를 간다.

네푸류토프는 속죄하는 마음으로 카츄샤를 찾아갔으나 그를 맞이하는 카츄샤는 이미 옛날의 순진하던 소녀가 아니었다. 카츄샤는 사죄하는 네푸류토프의 말은 들은 척도 하지 않고, "당신은 이 세상에서는 나를 노리개로 삼더니 이제 저 세상에서는 나 때문에 구원을 받으려 하는군요. 당신 같은 사람은 보기도 싫어요. 어서 돌아가세요" 하고 외치는 것이었다. 그러면서 돈 1루블을 빌려 달라고 했다. 네푸류토프는 '어차피 이 여자는 죽었다' 고 생각하면서 세상 끝까지 카츄샤를 따라가서 도와주어야겠다고 결심한다.

네푸류토프는 카츄사를 면회 하기위해 감옥을 자주 찾아가면서 옥에 갇힌 사람들의 억울한 호소와 가난하고 불쌍한 사람들의 모습을 보고 분노를 느끼기 시작한다. 그는 현재 자기가 교제하고 있는 마리아의 가문과 돈과 귀족의 명예, 그 모든 것이 거추장스럽고 역겨워졌다. 그는 앞으로는 가난하고 억눌린 사람들을 위해 살아야겠다고 거듭거듭 결심한다. 그러나 그는 학대받고 있는 사람들을 구출하기 위해서는 학대하고 있는 사람들 편에 서지 않을 수 없는 현실이 너무나 괴로웠다.

카츄샤 사건을 원로원이 재심했으나 "상고 이유 불충분" 이라는 이유로 기각되고 말았다. 네푸류토프는 변호사를 통해서 법관들의 비리에 대한 이야기를 듣고 "오늘날 러시아에서 성실한 사람이 몸 둘 오직 하나의 장소는 감옥 뿐" 이라고 절규한다. 그는 자기의 재산을 다 정리해서 농민들에게 나눠주고 앞으로는 가난하고 억눌린 사람들을 위해 살기로 결심한다. 그리고 이미 자기로서는 아무런 영향도 끼칠 수 없는 카츄샤마저 포기하기로 결심한다.

그 사이 카츄샤가 시베리아로 유형을 떠날 날이 돌아왔다. 네푸류토프는 카츄샤를 보호하기 위해 하인 타라스를 죄수로 위장시켜 함께 보내고 자신도 그들을 따라 시베리아로 떠난다.

카츄샤는 유배 생활 중에 귀족출신 지식인이면서 노동자처럼 행세하며 그들을 돕고 있는 정치범 여죄수 마리아 파블로브나를 만나게 되며 그녀를 통해 새로운 삶에 눈을 뜨게 된다. 카츄샤가 만난 또 한 사람은 시몬손이라는 남자 죄수였다. 그들의 만남은 나날이 사랑으로 발전해 갔다.

그런 어느 날 뜻밖에도 카츄샤에게 러시아 황제로부터의 사면장이 내려졌다. 유형을 떠나기 전에 네푸류토프가 황제에게 낸 탄원서가 황제의 마음을 움직였던 것이다. 그러나 네푸류토프가 그 기쁜 소식을 전하는 날 카츄샤는 "나는 시몬손이 가는 곳으로 가겠어요" 하고 선언하는 것이었다. 그것으로 네푸류토프와 카츄샤의 운명과 같은 인간관계는 모두 끝났다. 그러나 네푸류토프는 카츄샤와 관련된 일련의 사건들을 통해서 귀족으로서의 자신의 신분과 인간으로서의 의무를 발견하고 러시아에 만연하고 있는 악과 싸우기로 결심한다. 그에게는 새 인생이 열린 것이다.

빈민을 돕기 위해서는 부자이어야 하고 갇힌 자를 돕기 위해서는 자유자이어야 하며 천민을 돕기 위해서는 귀족이어야 한다는 사실, 이것은 아마 시대와 장소를 초월해서 사람이 사는 모든 곳에 존재하는 만고의 역설일 것이다. 네푸류토프는 그가 방문한 감옥과 유형지의 부조리를 보면서 삶의 진실, 또는 삶의 가치를 발견하였던 것이다. 그는 비로소 땅 위에 존재해야 할 가치 있는 실존(實存)으로 부활했던 것이다.

　이 소설은 톨스토이가 말년에 집필한 걸작으로서 한 귀족 청년의 젊은 날의 실수와 사랑의 갈등과 삶의 의미를 조화 있게 조명한 작품이다. 한때의 실수를 뉘우치고 속죄하기 위해 신분과 재산을 모두 포기하고 시베리아 유배지를 향하는 네푸류토프의 모습은 감동적이다. 우리의 삶에서도 이와 같은 부활의 전기를 맞이할 수 있다면 그 영원한 가치를 위해 잠시 동안의 시련쯤은 두려워할 필요가 없을 것이다.

지옥에 가는 사람

단테의 「신곡」(神曲)

❊❊❊

사람은 누구나 내세(來歲)를 생각한다. 죽음 후에 나의 미래는 어떻게 될까? 세상 사람들 내세의 영화를 위해 철저하게 현실을 희생하는 사람이 있는가 하면, 내세의 존재 따위는 안중에도 없고 오직 현세의 즐거움만을 추구하는 사람도 있다. 현세와 내세의 문제는, 그것이 관심의 대상인 만큼, 많은 예술가와 문학인들의 작품의 주제가 되어왔다.

14세기 독일의 작가요 관리였던 단테 알뤼기에리는 그가 죽던 해인 1321년에 긴 서사시 하나를 출판하면서 제목을 「희곡」(La Commedia)이라고 붙이고 "죽은 후의 영혼의 상태"라는 주(註)를 달았다. 그의 사후에 이 「희곡」은 문학적으로 뿐 아니라, 종교적으로도 높이 평가 받고, 단테가 붙인 제목 앞에 "Divine"이란 단어를 붙여서 「신성한 희곡」이라고 부르기 시작했다. 그가 죽은 지 600년이 지난 후에 교황 베네딕투스 15세는 단테의 문학적 업적과 그가 카톨릭 신앙에 기여한 공로를 인정하여 이 작품 앞에 장문의 추천사를 붙이기도 했다.

이 작품 속에 흐르는 중세기적 가톨릭 신앙과 성례주의에 기초한 신비적 의식은 신교(新敎) 신자들에게는 이해하기 어려울 뿐 아니라, 이것이 종교개혁 이전의 신앙과 의식이기 때문에 내용에 따라서는 받아들이기 어려운 것도 없지 않다.

단테는 작품을 세 부분으로 나누었다. 제 1부는 지옥 편으로서, 단테는 어두운 숲 속에서 길을 잃는다. 그 때, 기원전 1세기에 활약했던 로마의 시인 버질(Vergil, B.C. 70-19)이 나타나서 단테를 지옥으로 안내한다. 단테는 그의 저서에 지옥을 돌아본 후에 지옥의 내부 구조와 거기 갇혀서 신음하고 있는 저명인사들의 이름까지 소상하게 밝혔다. 지옥에 있는 저명인사들의 이름 중에는 로마 교황 아나스따시오도 포함되어 있었다(지옥편, 11곡, 7).

버질의 안내를 받은 단테가 어떤 곳을 지나가는데 심한 악취가 나서 뒤로 물러나 구덩이를 보니, "포띤이 바른 길에서 떼어 내친 교황 아나스따시오를 내 지키노라"는 글씨가 보였다. 포띤은 데살로니가의 사제였으며 아나스따시오는 496-498년까지 교황 직에 있었던 아나스따시오 2세를 말한다.

로마 가톨릭 교회에서는 단테가 교황과 당시의 황제 아나스따시오 1세가 이름이 같아서 혼돈한 것 같다고 주장한다. 단테는 그가 교황이건 황제이건 역사적으로 알려진 수많은 영웅호걸을 지옥에서 만난다. 단테는 현세에서 아무리 큰 부와 권력을 소유했다고 하더라도 의롭지 않은 사람에게는 현실 그 자체가 바로 지옥으로 연결된다고 생각한다. 시인은 지옥조차도 하나님의 사랑에 의해 만들어졌다고 주장했다(지옥편, 제3곡, 8).

버질이 지옥을 다 구경시킨 뒤에 시인을 데리고 간 곳은 연옥(煉獄)이었다. 연옥은 성경에는 기록이 없고, 로마교회가 성경에 포함시킨 외경에 근거하고 있는 교리로서, 지옥에 갈 만큼 악하지도 않고 천국에 갈 만큼 선하지도 못한 사람이 그곳에서 참회하고 있다가 지상의 살아있는 가족과 친구들의 도움으로 죄를 소멸시켜 천국으로 가게 된다는 주장에 근거한다. 단테를 데리고 연옥을 다 답사시킨 버질은 자신은 아직 천국에 갈 만큼 거룩하지 못하기 때문에 단테의 옛 애인 베아트리체를 데려와서 시인을 맡기고는 총총히 사라져버린다.

베아트리체는 단테가 50대의 장년 때 사랑하던 십대의 소녀였다. 단테는 〈천국편〉의 서두를 "모든 것을 움직이시는 그의 영광"이란 말로 시작해서 "해와 별들을 움직이는 사랑"이란 말로 끝맺는다. 단테는 천국에서 해와 달과 혹성들을 보았다. 그의 세계에는 언제나 태양이 아닌 지구가 중심이었다. 그는 성자 베르나르도의 소개로 거룩하신 삼위일체 하나님을 뵈었다.

기행문처럼 쓰여 진 「신곡」은 문학적 가치에 앞서서 당시의 부패했던 정치 종교 지도자들에게 각성제 역할을 했다. 이 작품은 일반인이건 신자이건 로마교회의 사제 이외에는 성경을 읽지 못하도록 통제되던 사회에서 권선징악 사상을 널리 보급하는 데도 공헌하였다. 시인은 수많은 질문을 던지고 스스로 그 질문에 답하였다.

하나님은 사랑이시고 공의로운 분이시기 때문에 내세가 있고 상벌이 분명하실 것이다. 이것만은 신·구교의 교리나, 여타의 종교를 초월하는 만고불변의 진리일 것이다.

영적 교만의 말로

아나톨 프랑스의 「무희 타이스」

❖

6세기 경 이집트의 나일강 기슭에는 수많은 은둔자들의 집단이 있었다. 그들은 좁고 불편한 동굴 속에서 철저한 금욕 생활을 하면서 자신들을 단련하고 있었다. 그들 중에 다른 수도사들보다 더 철저한 단식과 고행을 하며 자신을 연단하던 파프뉘스라는 수도사가 있었다.

그는 원래 알렉산드리아의 귀족 가문에서 태어나서 젊은 시절에는 방탕한 생활을 하기도 했으나, 훌륭한 사제 마크랭의 조언을 듣고 수도의 삶을 살기로 결심하고 성경대로 가진 것을 다 팔아서 가난한 사람들에게 나눠 준 후 "수도의 동굴"로 들어간 사람이었다.

고행과 수도에 정진하던 파프뉘스에게 어느 날 문득 젊은 시절에 만났던 타이스라는 한 무희가 생각 났고, 그는 타이스의 영혼을 구해야겠다는 결심을 하게 된다. 그는 그 당시 세계 최대의 도시 중 하나인 알렉산드리아로 가서 동문 친구 니시아스에게서 옷과 돈을 얻어서 타이스가 출연하는 연극을 본 후에 그의 집으로 찾아간다.

타이스는 우상 숭배자인 부모에게 태어나서 어머니가 경영하는 항구의 선술집에서 자라면서 어린 나이 때부터 온갖 방탕한 짓을 다 경험하며 험한 삶을 살고 있었다. 타이스는 주변 사람들로부터 새 삶을 살아야 한다는 충고를 받을 때는 오히려 선한 사람이 된다는 것을 두려워했으며, 자신의 아름다움이 얼마 남지 않았다고 생각하고는 더욱 깊은 육체적 향락에 빠져든다.

파프뉘스는 타이스를 찾아가서 자기가 찾아온 동기와 타이스의 욕된 삶을 이야기 하고 함께 수도원으로 들어가서 구원받고 새 삶을 살 것을 간곡하게 호소한다. 파프뉘스는 살아계신 구세주 예수의 섭리와 사랑을 전했고 드디어 타이스의 불신의 장벽이 무너져서 타이스는 자신의 방탕한 삶을 눈물로 회개하고 파프뉘스를 따라 알빈이라는 수도원으로 들어간다. 타이스는 그 곳에서 완전히 새 사람이 되어 회개와 수도의 나날을 보내게 된다.

이제 파프뉘스는 타이스의 영혼을 구했으므로 기쁘고 감사한 마음으로 자신의 은둔 장소로 돌아갔다. 그러나 기뻐야 할 그의 마음에는 왠지 쓸쓸함이 파고들고 고행과 명상도 아무런 의미가 없어졌다. 그는 하나님께 마음의 평안을 달라고 간곡히 기도했지만 아무 소용이 없었다. 그는 그것이 타이스에 대한 연민 때문이라는 사실을 깨닫고 새로운 고행의 길을 찾아 폐허의 사원에 있는 원주 위에 올라가서 고행을 한다. 그는 병을 고치는 능력도 터득하고 무덤 속에 들어가서 스스로 더 힘든 고행을 하기도 했으나 끝내 자신의 육체적 욕망에서 해방되지는 못했다.

그는 심지어 위대한 성자 앙튀뉘스가 임종하면서 남긴 유언을 들을 때도 마음속으로는 타이스 생각만 하였다. 어느날 그는 "타이스가 죽어간다"는 소식을 듣고, 타이스가 수도하는 알빈 수도원으로 달려갔다. 그가 수도원에 도착했을 때 타이스는 온전히 회개하고 새 사람이 되어 임종을 맞고 있었다. 파프뉘스는 그런 타이스에게 진리는 영적인 것에 있는 것이 아니라 지상에서의 삶과 사랑에도 있다고 외쳤으나 타이스의 영혼은 조용한 기쁨 속에 육신을 떠났다. 타이스의 죽음 후 파프뉘스는 오히려 육체의 노예가 되어서 완전히 방탕한 삶 속에 빠지고 만다.

이 소설은 19세기 프랑스의 작가 아나톨 프랑스의 3부에 걸친 대작으로서 의인과 악인이라는 전통적이고 대조적인 이중 구조를 깨뜨리고, 사람은 누구나 악인이 될 수 있고 의인이 될 수도 있다는 역설을 편 작품이다. 성자는 파멸하고 창녀가 구원받는다는 이 주제는 독자들에게 만인 구원의 가능성을 제시하면서도 이것이 당시의 경건을 위장한 이기적 성직자들에게 보낸 하나의 경고장이라는 사실도 알려주고 있다.

겸손한 회개는 구원을 가져오나 영적 교만은 파멸을 초래한다. 이 소설의 주제는 아마도 이 만고불변의 진리를 온 세상에 알리기 위함이었던 것 같다.

순간을 사는 존재

에크하르트 톨레(Eckhart Tolle)의 「삶으로 다시 떠오르기」에서

≈≋≈

가끔 커피를 마시러 가는 카페 스탠드에 놓여 있는 하얀 표지의 「나우」라는 책을 발견하고 여기저기를 뒤적거려보니 참으로 손을 놓기 어려운 책이었다. 안타깝게도 책이 품절되어서 주인아주머니에게 빌려서 읽어야 했다. 책 제목이 "지금" 이라는 의미의 Now이지만 원명이 "새 땅" (A New Earth)이어서 처음에는 새 하늘과 새 땅을 주장하는 어떤 유사 기독교 단체의 사상을 전하는 책이 아닌가 하고 의아심을 가지기도 했다. 특히, "행성의 미래를 상상하는 사람들에게"라는 부제가 나의 관심을 끌었다.

이 책은 오랜 기간 〈뉴욕 타임즈〉 선정 베스트 셀러에 올라서 300만 부와 500만부가 팔린 기록을 가지고 있다. 나는 책을 소개하면서 직역을 해서 읽기가 좀 어려울 것 같다고 했더니 그런 말들이 번역자인 류시화 시인에게 전달되었던 것 같다. 한 참 후에 류 시인으로부터 번역을 새로 해서 다른 출판사에서 다시 펴내기로 했다는 연락이 왔고 그 후에 〈연금술사〉로부터 새로운 제명인 「삶으로 다시 떠오르기」를 두 권 받았다. 번역이 부드러운 것은 물론 장정과 편집도 새로워서 정감이 갔다.

저자는 인간 존재를, 위태로운 행성 지구 위에서 곡예 하듯 하루하루 살아가는 허약한 지적 존재라는 관점에서 이야기를 풀어나갔다. 그는 행성 지구 위에서 늙고 병들어 죽어가는 육체와 그 육체 속에 깃들어 있는 정신인 '에고'(나)는 전혀 다른 존재라는 주장으로 화두를 열었다. 이 화두는, 사르트르의, "나와 나의 육체는 전혀 다른 존재"라는 주장과 상통한다.

인간의 영혼이 지구라는 행성에 육체와 함께 태어났다면 육체가 흙으로 돌아갈 때 영혼도 소멸되는 것이 자연의 이치일 것이다. 그러나 조물주께서는 물질이나 정신(영혼)이 소멸되도록 허락 하지 않으시고 물질이 형체를 변화하여 다른 공간에서 다른 형태의 에너지로 존재하게 하고 육체를 떠난 영혼 역시 다른 시공에서 다른 존재로 존재하게 한다는 것이 내가 이해한 톨레의 사상이다.

창세기 2장 7절은, 사람은 물질인 땅의 흙(먼지)과 생령으로 구성되었다고 말한다. "여호와 하나님이 흙으로 사람을 지으시고 생기를 그 코에 불어넣으시니 사람이 생령이 되니라." 아담이 하나님 앞에 죄를 범한 후에 하나님께서 아담에게, "너는 흙이니 흙으로 돌아가리라"고 하셨다(창3:19). 성서적 관점에서도 육체와 영혼은(에고, 즉 나는) 언제인가 각각 제 길로 가야할 다른 존재이다.

데까르트의 "고기토 에르고 줌" 즉, "나는 생각한다. 그러므로 나는 존재 한다"는 명제는, 생각이 존재의 근거라는 말이 아니라, 생각함으로 존재를 인식한다는 의미이다. 후자는 실존주의적 존재론의 명제이기도 하다.

이 책을 이끌어가는 주제는 자각적이면서 이기적인 인간 '에고' 이다. 이 에고가 시시각각으로 변화하고 생성하는 우주 안에서 살아가기 위해서는 먼저 자기 존재에 대한 자각이 있어야 하고 다음으로는 자신을 존재하게 한 조물주 하나님을 기억해야 한다는 것이 저자가 독자에게 전달하려는 메시지인 것 같다.

인간은 풀잎 위에 맺힌 아침 이슬처럼 해가 뜨기 전까지의 단명한 시간을 부여받은 지적 존재이다. 그런 인간에게 가장 값진 것은 그 사실을 깨달은 상태에서 주어진 시간을 사는 것이다. 저자는 광활한 우주 가운데서 무서운 속도로 회전하는 지구 위에 던져진 인간 존재를 설명하기 위해 다음과 같은 이야기를 했다:

중동 지방의 어떤 왕이 행복과 절망 사이를 오가며 괴로운 삶을 살고 있었다. 왕은 이 곤경에서 벗어나기 위해 신하에게 깨달음을 얻은 현자를 모셔오게 했다. 왕의 부름을 받은 현자는 왕에게 옥으로 만든 보석함을 하나 주었다. 그 안에는, "이것 또한 지나가리라"는 글귀가 새겨진 금반지가 하나 들어 있었다. 현자는 왕에게 마음이 괴로울 때마다 반지를 꺼내 보라고 말했다.

희노애락이 모두 순간적이니 슬픔이나 기쁨에 애착을 가질 것이 없다는 교훈으로 보인다. 저자의 주장은 성서의 교훈과 일치하는 것처럼 보이지만 저자는 종교라는 틀에서 벗어나서 인간에게 주어진 이 성으로 우주의 근원과 창조주를 찾을 수 있다는 자연신학 이론과 토마스 아퀴나스의 신존재증명과 유사한 입장을 가진 것으로 보인다.

이 책은 장(章)과 절(節)이 없고 소제목도 없어서 내용 구분이 쉽지 않은 편인데도 판을 거듭해서 인쇄된 것은 이 책이 인간 존재의 근본을 조명하고 있기 때문일 것이다. 약간 비판적인 의식을 가지고 읽으면 저자가 전하고자 하는 삶의 진실을 보다 용이하게 발견할 수 있을 것 같다.

이성에서 신앙으로

프란시스 A. 쉐퍼의 「이성에서의 도피」

━━≈≋≈━━

저자(Fracis A. Schaeffer)는 사상가와 교수 및 종교인으로 다양한 삶을 살다가 생애의 마지막 수십 년을 제네바 호수 북쪽 알프스 산간지역에서 "라브리 펠로우십"을 설립 운영하면서 독특한 방법으로 청년들을 지도하고 기독교 복음을 전했다. 쉐퍼 부부는 이곳에 작은 오두막을 짓고 도시생활을 떠나 알프스의 자연을 찾는 젊은이들을 모아 삶의 의미와 목적을 제시해 주고 예수 그리스도의 복음을 전했다.

그의 작은 책 「이성에서의 도피」는 젊은 지성인들에게 인간 이성에 우선 하는 신앙을 가질 것을 권면할 목적으로 쓴 책이다. 책이라기보다 한 편의 강연이라고 하는 것이 바른 표현일 것이다. 책의 분량은 작지만 범위가 수 세기를 넘나들며 내용이 관념적이어서 철학과 신학 또는 인문학에 깊은 이해를 가진 사람만이 이해할 수 있다는 점이 애석하다.

저자는 말한다. 종교는 '신비'의 영역에 속하는 것이라고 생각하고 오직 기도와 명상만을 강조하면서 종교의 사회성을 거부하는 사람도 있지만 우주의 존재원리가 그렇듯이 종교 역시 감정과 이성, 혹은 신앙과 지식 간의 균형 위에서 유지되어야 한다. 신앙인이 그 균형을 잃고 외부 세계와의 대화와 교류를 단절하면 독선적이거나 편향된 사람이 되고 말 것이다.

쉐퍼는 이것을 말하기위해 어거스틴이 살던 교부시대(4C)로부터 시작해서 토마스 아퀴나스(12c)를 거쳐 우수의 철학자 쉐렌 키엘케고르(20c) 까지의 철학사를 이성과 감성, 천상과 지상이라는 도식(圖式)으로 요약해서 설명했다.

다음의 대조표는 쉐퍼가 토마스 아퀴나스(Thomas Acquinas, 1225-74)의 도식을 인용한 것이다.

    은총: 상층부: 창조주, 천국,   인간의 영혼-통일.
    자연: 하층부: 피조물, 가시적이 것들, 인간의 육체-다양성.

어거스틴 부터 아퀴나스 시대(A.D., 4-12) 이전에는 사람들은 상층부 즉 '은총' 에 속하는 것을 그림이나 글로 옮길 수 없었다. 만약 상층부에 속한 것을 예술의 한 형식으로 그려내면 그것을 시도한 예술인은 불경을 저지른 자로 처단되었다.

그러나 토마스 아퀴나스시대에 이르러 예술가들은 '자연' 에 속한 것들을 소재로 하여 창작활동을 하기 시작했다. 이러한 시도가 계속됨에 따라 자연은 인간의 정신문화와 더욱 밀접해지게 되었고 문예부흥(Renaissance)을 앞당기는 결정적 요인을 제공하기도 했다.

문예부흥을 전후로 해서 문학과 철학에 낭만주의 사상이 꽃피던 19세기 말엽까지는 인간이 자연의 가치를 추구한 시대였다고 할 수 있다. 19세기부터 사람들은 천상에 존재하는 것보다 지상에 존재하는 것을 더 아름답고 귀한 것으로 생각하게 되었다. 그들은 천사보다 인간을, 창조주보다 피조물의 가치를 높이 평가하고 거기에서 예술과 종교를 찾으려고 했다. "자연으로 돌아가자"는 루소의 외침은 수세기에 걸친 자연추구의 결과라고 보아도 무방할 것이다.

키에르케고르에 이르러 아퀴나스의 도식은 한낱 인문학의 역사를 말해주는 흘러간 시절의 추억꺼리로 전락하고 말았다. 그것은 신앙보다 이성을 더 존중한 르네상스의 영향 때문이었다. 이러한 경향은 철학과 문학, 음악과 미술 등 각 부분으로 침투해 들어갔다. 이 사상은 결국 신학에까지 파급되어 소위 합리주의적 성서해석을 신학의 근간으로 삼으려는 운동을 낳게 된다.

쉐퍼는 이와 같은 역사적 진실을 파악하고 동시대를 살아가는 젊은이들이 합리주의적 신앙에 빠지지 않게 하려고 라브리 펠로우십을 세웠던 것이다. 쉐퍼는 이 책을 동해, 알다시피, 이성으로부터 탈피해서 신앙의 세계로 들어갈 것을 호소했으나 이성을 거부하라고 한 것은 아니었다. 그는 젊고 날카로운 지성을 가진 젊은이들에게 이성의 한계를 제시하고 신앙은 이성의 장벽을 깨뜨리고 나오는 것이란 점을 강조했다.

이 책을 "명작"의 범주에 넣는 것은 무리인 줄 알지만 여기 소개하는 것은 우주시대에 사는 현대인이 반드시 읽어야 할 책이라고 생각하기 때문이다.

벗어야 할 유년의 그림자

에밀리 브론테의 「워더링 하이츠」

≈※≈

　에밀리 브론테는 「제인 에어」로 잘 알려진 샬롯 브론테의 동생이었다. 두 자매는 똑같이 일생을 독신으로 살았고 똑같이 단명했으며, 똑같이 각각 한 권씩의 작품만을 남겼다.

　「워더링 하이츠」는 한 때 「폭풍의 언덕」이라는 이름으로 번역되어 알려지기도 했으나, "워더링 하이츠"란 말이 그곳 지명이므로 의미를 옮기는 것보다는 발음대로 사용하는 것이 좋을 것 같다. 이 소설은 주인공 히스크리프의 이야기가 전기처럼 기록되어서 단조롭기도 하지만 그 내용과 문장 기법이 독특하고 소름끼치는 비극과 반전(反轉)이 만인의 사랑을 받는 명작의 자리에까지 오르게 된 것 같다.

　1801년, 로크우드라는 런던으로부터 온 신사 한 사람이 영국 중부지방의 황량한 벌판 〈스러쉬크로스 그레인지〉라는 곳에 잠시 머물기 위해 집을 한 채 빌렸다. 어느 날, 그는 그 지역을 돌아보다가 원래부터 언쇼 가(家)의 저택이었던 〈워더링 하이츠〉 언덕 위의 집을 방문해서 그 집 주인 히스크리프를 처음 대면한다.

　히스크리프는 얼굴이 가무잡잡하고 말수가 적었으며 불친절하기 짝이 없었다. 그런데 로크우드가 〈워더링 하이츠〉를 방문한 날 갑자기 큰 눈이 내려서 그는 그 집에서 하룻밤을 머무를 수밖에 없게 되었다. 로크우드는 하녀가 내주는 빈방에 들어가 잠을 자려고 했으나 바람에 흔들리는 나뭇가지가 계속 창문에 부딪혀서 잠을 이룰 수 없었다. 그는 창을 열고 나뭇가지를 치우려다가 그만 유리를 깨고 말았다. 그런데 그가 나뭇가지를 치우려고 팔을 내민 순간 차가운 여자의 손이 잡혔다.

그 여자는 자기의 이름을 '캐서린 린튼'이라고 하면서 창을 통해 방 안에 들어오려고 몸부림을 쳤다. 로크우드는 너무 놀라 비명을 질렀고 그 소리를 들은 집안 식구들이 모두 달려 나왔다. 그 순간 여자의 모습은 사라지고 히스크리프는 어두운 방에 엎드려서, "케서린, 돌아와 줘. 캐서린 어서 돌아와 줘" 하며 혼자 절규했다.

이튿날 아침 로크우드는, 20년 동안 〈워더링 하이츠〉에서 하녀생활을 한 엘렌을 통해 그 집안의 내력을 듣게 된다. 여기서부터 이 사건의 진상이 밝혀진다.

그로부터 20여년 전 〈워더링 하이츠〉에는 언쇼 일가가 살고 있었다. 한 번은 언쇼가 리버풀에 다녀오는 길에 이름 없는 집시소년 하나를 데리고 와서 히스크리프라고 이름을 지어 주고 집에서 함께 살게 했다. 그때 언쇼의 아들 힌들리는 열네 살, 딸 캐서린은 여섯 살이었다. 아버지 언쇼와 캐서린은 히스크리프를 좋아했으나 아들 힌들리는 그를 미워하여 갖은 못된 짓을 다 했다. 세월은 흘러 히스크리프와 캐서린은 바람 부는 언덕과 벌판을 함께 달리면서 어느새 서로 사랑하는 사이가 된다.

그러던 어느 날 히스크리프와 캐서린은 언덕을 따라 멀리 광야로 나갔다가 어둠 속에 반짝이는 불빛을 발견하고 따라간 것이 대지주 린튼 일가가 살고 있는 〈스러쉬크로스 그레인지〉까지 가게 되었다. 그날 밤 그 저택에서는 무도회가 열리고 있었으며 두 사람은 그 광경을 몰래 훔쳐보다가 도둑으로 몰려서 캐서린은 개에 물려 그 댁에 남고 히스크리프는 벌판으로 쫓겨나서 혼자 〈워더링 하이츠〉로 돌아갔다. 그 후 캐서린은 린튼가의 아들 에드가와 가까워지게 되었고 캐서린을 빼앗겼다고 생각한 히스클리프는 도시로 떠나 버린다.

수년의 세월이 지난 후의 어느 날, 우아한 신사복을 차려 입은 히스크리프가 〈워더링 하이츠〉에 나타난다. 그 때 이미 캐서린은 에드가 린튼과 결혼했고, 히스크리프를 괴롭히던 힌들리는 가난한 건달이 되어서 술로 세월을 보내고 있었다. 히스크리프가 돌아온 후 얼마 되지 않아서 그가 그렇게 못 잊어하던 캐서린은 딸을 낳다가 죽으면서 히스크리프를 사랑한다고 고백했다. 히스크리프는 숨을 거두는 캐서린에게 죽은 혼이라도 자기를 떠나지 말아 달라고 호소한다.

캐서린이 죽은 후 히스크리프는 복수의 화신이 되어 에드가의 여동생 이사벨라를 유혹해서 결혼하고 힌들리와는 도박을 해서 집과 남은 재산을 모조리 빼앗아버리고 술을 마시게 해서 결국 죽게 만든다. 히스크리프는 언쇼가와 린튼가의 재산을 모두 빼앗은 다음에도 두 가문의 후손들에 대한 복수를 계획했으나, 그 보다는 하루 속히 캐서린을 만나고 싶은 마음에서 나흘을 굶은 끝에 죽고 만다.

세월이 한참 흐른 후, 런던에 갔던 로크우드가 다시 〈워더링 하이츠〉를 방문했을 때는 캐서린의 딸 캐시와 힌들리의 아들 헤어튼이 평화롭게 살고 있었다. 그 지방 사람들의 말에 의하면 폭풍우가 치는 밤이면

히스크리프와 캐서린이 손을 잡고 언덕 위를 달리는 모습이 보인다고
한다.

이 소설은, 인생이란 주어진 만큼 열심히 살 뿐, 분에 넘치는 욕망과
복수심에 사로잡히면 근본마저 잃게 된다는 진리를 말해 주고 있다. 우
리를 사로잡고 있는 "과거"라는 이름의 어두운 그림자가 있다면 하루
속히 벗어던져야겠다.

노블리스 오블리쥬

알베르 까뮈의 「페스트」

✦✦✦

까뮈(Albert Camus, 1913-60)는 1913년 프랑스의 식민지 알제리에서 태어나서 샤르뜨르와 함께 전후 프랑스의 실존주의적 문학을 대표한 작가로서 1960년에 자동차 사고로 타계했다. 「페스트」와 「이방인」, 「전락」 등은 까뮈의 대표작들이며 그 중 「페스트」는 인간으로 태어나면서부터 본유적으로 가진 인간의 의무를 강조한 작품이다.

작품의 배경은 1940년대, 알제리 해안에 있는 오랑이라는 조그만 항구도시. 4월 어느 날 아침 병원에 출근한 의사 베르나르 류는 복도에서 죽어있는 쥐 한 마리를 발견한다. 죽은 쥐는 시내 여기저기서 수없이 발견되었고 도시에는 알 수 없는 어두운 그림자가 덥히기 시작했다. 류의 아내가 갑자기 몸이 좋지 않아서 요양을 가고, 아파트의 수위 밋셀이 원인 모를 병으로 죽고, 시청 직원 그랑의 아파트에 묵고 있는 코타아르는 자실을 기도한다.

그 무렵 그 도시에 들어온 작가 쟝 타류는 집안에 머물면서 그 도시에서 일어나는 모든 일들을 기록한다. 아파트 수위 밋셀의 죽음 이후로 그와 비슷한 증상의 환자들이 많이 나타난다.

류는 정신없이 왕진을 다니면서 증상을 분석해보지만 원인을 알 수 없었다. 희생자는 계속 증가해서 하루에 30명이 죽어나가는 날도 있었다. 마침내 류는 시 보건위원회를 소집해서 대책을 의논하는 한 편 원인 모를 병을 페스트로 결론을 내렸고 시 당국은 성문을 폐쇄하기로 결정한다.

성문이 닫히면 도시가 외부 세계와 단절되기 때문에 시로서의 기능을 상실하는 것은 물론, 시민들의 경제생활과 출퇴근을 비롯한 시민들의 일상생활이 마비되고 말 것이다. 때마침 그 도시를 방문했던 신문기자 랑베르는 자신이 기자라는 신분을 앞세워 온갖 방법으로 도시 탈출을 시도한다. 랑베르는 신문사 일을 구실로 탈출을 시도 하지만 사실 그의 마음은 빠리에 두고 온 애인을 만날 기대로 가득 차 있었다.

류가 환자 치료에 동분서주 하는 동안 자살을 시도했던 코타아르는 그랑에게 발견되어 미수에 그쳤고, 사업상의 문제로 경찰의 조사를 받기도 했으나 건강한 몸으로 돌아와서 류에게 결혼 실패담을 고백 한다. 류는 가까운 친구들의 무관심과 이기주의에 실망하면서도 열심히 환자를 돌본다. 그러던 어느 날 주위에서 일어나는 일에는 관심조차 보이지 않고 오직 글만 쓰던 작가 쟝 타류가 류를 찾아가서 의용봉사대를 조직할 것을 제안한다. 그래서 조직한 자원봉사대에는 시청 직원 그랑도 참여해서 퇴근 후에 환자를 찾아다니면서 희생적으로 봉사한다.

그 때까지도 도시 탈출을 모색하던 기자 랑베르는 밀수로 돈을 벌고 있던 코타아르를 만나서 도시 탈출 요령을 배우기도 한다. 그러나 랑베르는 의사 류와 쟝 타류의 희생적 봉사를 목격하고는 그들에게 자신이 비겁자가 아님을 증명해 보이려고 의용봉사대에 지원한다. 여름동안 기승을 부리던 페스트는 구월이 되어도 수그러들 기미를 보이지 않았다.

그러든 어느 날, 그렇게도 탈출하려고 애쓰던 랑베르에게 기회가 왔다. 자정에 탈출하기로 밀약한 날 랑베르는 류에게 작별 인사를 하러 갔다가 불현듯, "혼자만 행복하려는 것은 부끄러운 일일 것이야" 하면서 탈출을 포기하고 오랑 시에 남아서 환자들을 돌보겠다고 말한다.

한 편, 제스윗파 신부 판느루는 한 소년이 고통 중에 죽어가는 광경을 지켜보면서, "현재의 불행은 하나님의 진노이다, 믿음이냐 불신이냐를 결단하라, 의사를 찾아갈 필요가 없다"고 외친다. 신부는 한 신자의 집으로 숙소를 옮겼으나 곧 발병해서 죽고 류는 그의 주검에 "병명 미상으로 사망"이라는 표찰을 붙인다.

페스트는 크리스마스 까지 계속되었고 그 와중에 시청 직원 그랑이 감염되었다가 회복되었고, 잘 견뎌내던 작가 타류는 시가 개방되기 며칠 전에 죽고, 요양을 떠났던 류의 아내로부터는 부음이 왔다. 드디어 성문이 열렸다. 까뮈는 말했다: "코타아르나 타루도, 류가 사랑했던… 여자들도, 산자건 범죄자건 모두가 잊혀졌다. 인간(세상)은 늘 그게 그것이었다."

까뮈는 이야기를 잘 이끌어 나가다가 갑자기 독자들을 절망의 나락으로 밀어뜨리고 혼자 달아나 버린다. 그래서 그의 소설을 읽는 독자는 스스로 의미를 찾아내야 한다. 기자 랑베르와 작가 타류와 시청 직원 그랑, 그리고 자원 봉사대에 참여했던 사람들의 희생과 용기가 바로 "노블리스 오블리쥬"일 것이다. 실존주의의 화두와 명제는 그것을 망각하는 사람은 인간이 아니라는 것이다.

주인인가, 객인가

알베르 까뮈의 「이방인」에서

꠰꠰ X ꠰꠰

까뮈의 「이방인」은 너무나 잘 알려진 소설이어서 새삼스럽게 소개하고 해설 한다는 것이 불필요해 보이기까지 한다. 그런데 한 문학 강연 모임에 가서 고등학교 학생들과 청년들에게 독서 여부를 물었더니 의외로 읽은 사람이 적었다. 읽었다고 하는 이들조차 요약이나 작품 평을 읽은 것이 대부분이었다. 한국의 교육제도와 독서열을 고려할 때 인문학과 정서교육 부재가 앞으로 큰 재앙을 불러오지 않을까 염려된다.

앙드레 말로의 추천으로 출판된 이 소설은 샤르뜨르의 「구토」와 함께 인간의 가장 절망적인 모습을 보여준다. 〈나〉를 화자(話者)로 해서 이야기가 시작된다.

주인공의 이름은 뫼르소, 직장생활을 하는 미혼 청년이다. 그의 직업이 무엇인지, 가족은 어디에 살고 있는지, 종교는 가졌는지 등등의 사실은 그에게 아무 의미도 없다. 그는 어머니의 부음을 받고 양로원에 갔으나 어머니가 언제 돌아가셨는지 날짜가 생각나지 않았다. 양로원 원장에게 왜 어머니를 직접 모시고 살지 않고 양로원에서 살게 했는지 설명하려다가 그것도 귀찮게 생각되어서 그만 두었다. 그는 어머니가 집에서 혼자 외롭게 지내는 것 보다 동년배 친구들이 있는 요양원에서 사는 것이 좋을 것 같아서 그랬다고 말하려고 했다.

뫼르소는 어머니의 시신을 모신 곳에 갔지만 눈물이 나지 않았다. 문지기가 어머니의 얼굴을 보게 해 주겠다고 했지만 그럴 필요가 없을 것 같아서 거절했다. 담배를 피우고 싶어서 망설이다가 피워도 괜찮을 것 같아서 시신 옆에서 담배를 피웠다. 어머니의 약혼자라는 한 노인과 인부들과 함께 어머니를 매장할 묘지로 나갔다. 바람이 상쾌하게 불어서 산책이라도 하고 싶었지만 참았다. 인부 한 사람이 어머니의 나이를 물었지만 정확한 나이가 생각나지 않아서 모르겠다고 대답했다.

뫼르소는 어머니 장례를 치룬 후에 피로를 느끼고 어디든 가서 좀 쉬어야겠다고 생각한다. 그래서 전에 다니던 직장에서 타이피스트로 일 한 마리를 찾아가서 함께 바닷가에 갔다. 마리가 뫼르소의 검은 넥타이를 보고 상(喪)을 당했느냐고 물었지만 뫼르소는, "뭐 별일 아니었어" 하고 말을 흐렸다. 그들은 수영을 하고 저녁에는 함께 잤다. 이튿날 일요일, 아침에 일어나니 마리는 가고 없었다. 뫼르소는 사람들이 어머니의 죽음에 대해서 이것저것 묻는 것이 싫어서 저녁이 될 때까지 혼자 집안에 있었다.

월요일에는 퇴근 후, 옆방에 사는 레이몽의 집에 저녁 초대를 받아 이런저런 이야기를 하는 중에 레이몽이 그의 여자 친구의 오라버니들과 싸운 이야기를 했다. 그 주간 토요일에 마리가 다시 찾아와서 자기를 사랑하느냐고 물었지만 뫼르소가 그런 것은 중요하지 않다고 대답하자 마리는 서운한 기색을 띠고 돌아갔다.

마리가 간 후에 레이몽과 함께 나가서 술을 마신다. 레이몽은 자기 여자 친구는 기혼자인데 그 여자의 오라버니에게 들켜서 아랍인이 긴 오라버니 일행으로부터 위협을 당하고 있으니 도와달라고 부탁했다. 일요일에 뫼르소는 레이몽과 마리와 함께 해변에 있는 한 별장으로 놀러갔다. 그들은 버스 정류장에서 아랍인 건달들을 만났고, 해변 별장 부근 바닷가에서 다시 그들을 만나 시비가 벌어졌다. 레이몽이 그들이 휘두른 칼에 찔려 피를 흘렸다. 뫼르소는 별장에 돌아가서 레이몽을 치료한 후에 다시 바닷가에 나갔다가 아랍인들을 또 만났다. 그들이 뫼르소에게 칼을 들이대자 뫼르소는 레이몽이 들고 있는 권총을 빼앗아 칼을 든 청년을 겨냥했다. 그 아랍청년이 단도를 뽑아서 햇빛에 반사시키며 뫼르소를 위협했다. 태양이 눈부시게 빛났다. 바로 그 순간 뫼르소의 총구에서,「탕, 탕, 탕, 탕」하는 네 발의 총성이 울리고 아랍인은 모래 위에 쓰러졌다.

뫼르소는 곧 체포되어 조사를 받기 시작했다. 그를 재판하던 판사가 어떻게 총을 가지게 되었으며 왜 쏘았느냐고 묻자 뫼르소는 햇빛이 너무 강열해서 그랬을 것이라고 대답한다. 재판 과정에서 여러 증인들이 나왔는데 하나같이 뫼르소에게 불리한 증언만 했다. 양로원 원장은 뫼르소가 장례식에서 울지도 않았다고 했고, 장의사 인부는 시신 앞에서 담배를 피우고 커피를 마셨으며 어머니의 나이도 모르더라고 증언했다. 판사는 어머니 장례식 날 여자 친구를 만나서 해수욕을 가고 성관계를 가지는 것은 비도덕적 행위라고 말했다.

뫼르소는 프랑스 국민의 이름으로 사형선고를 받고 수감되었다. 그는 감옥 생활도 나쁘지 않았으나 담배를 피우지 못하는 것이 유일한 불만이었다. 그는 신부의 종부성사도 거부한다. 자신이 외롭지 않다는 것을 보이기 위해 사형집행일에는 되도록 많은 사람들이 참관해 주기를 바란다.

뫼르소는 한 시대를 살면서 그 시대와 상관이 없고, 친구를 사귀면서도 그 친구와 아무런 관련이 없다. 그에게는 모든 사람이 제 삼자이며 그는 모든 사건에 방관자이다. 자기 것이나 자기 생각은 하나도 없다. 그는 자신이 살인을 했는지도 모른다. 남들이 알려주니 그런가보다 하고 생각한다. 그는 매사에 권리를 주장하지도 않고 동시에 의무를 느끼지도 않는다. 그래서 그는 국외자요 방랑자요 이방인이다. 우리에게 주어진 한 생애, 자기 자신으로 살 것인가, 이방인으로 살 것인가?

색인

✦✦✦